羅素

談理想人格與文明之路

Bertrand Russell

為愛好支配的知識
這種知識同時也是
學生應該掌握的。

出生之年、性知識、大學教育、品性與智力，世紀智者論現代教育

伯特蘭・羅素——著
郭繼麟——譯

當代理性和人道的傑出代言人——伯特蘭・羅素論教育
提倡知識的致用、人性的改善、兒童的自由

本書收錄羅素教育專著中15篇最具代表性的文章

目錄

導言

羅素（Bertrand Russell，西元 1872 ～ 1970 年），英國哲學家、數學家、邏輯學家、歷史學家、教育學家、文學家，分析哲學的主要創始人之一，世界和平運動的宣導者和組織者，主要著作有《西方哲學史》、《哲學問題》、《心的分析》、《物的分析》等等。

羅素他出身蒙茅斯郡一個貴族家庭，他的祖父約翰·羅素（John Russell）是著名的輝格黨人，在維多利亞女王時代曾兩度擔任首相；父親安伯雷·羅素（Viscount Amberley）是一位自由主義者。由於小的時候雙親相繼離世，羅素轉由祖母撫養，並且一直在家庭裡接受教育，所以他的童年時光頗為寂寥。不過，祖母的獨立不羈和道德熱情對他產生了深刻的影響，求知和冥思也為他帶來了莫大的心靈慰藉。羅素西元 1890 年考入劍橋大學三一學院後，先後攻讀了數學和哲學，憑藉他的一系列基礎性、典範性的研究工作，被公認為數理邏輯和分析哲學的開創者之一，後羅素曾兩度在該校任教。與此同時，羅素還是一名出色的通俗作品作者，不僅可以用淺顯練達的文辭向普通讀者陳述哲學觀點，還對現實生活中的大眾議題給予了熱切的關注，並為之著書立說。

羅素以他超越專業藩籬的博大關懷贏得了世界性的聲譽，1908 年，羅素當選為皇家學會會員，1950 年獲得諾貝爾文學獎，授獎詞稱他為「當代理性和人道的傑出代言人之一」。1967 年羅素組織了斯德哥爾摩戰爭罪犯審判法庭，對美國在越南的政策予以譴責。1970 年，羅素在威爾斯的家中去世，享年98 歲。

　　羅素在哲學、邏輯和數學等領域成就顯著，同時在教育學、社會學、政治學和文學等許多方面也都建樹頗豐。羅素前後期哲學思想變化很大，早期他信奉的是新黑格爾主義，對絕對、共相的存在深信不疑，將數學視為柏拉圖理念的證據。後來和摩爾（George Edward Moore）一起叛離了絕對唯心主義，轉向了新實在論。

　　在為羅素所關注的大眾議題裡面，教育占據了一個特別突出的位置。羅素所生活的 19 世紀末、20 世紀初的英國，正處在一個第二次工業革命影響下興旺而嘈雜的時代，反映到教育領域可以從兩個方面來理解：一方面，從阿諾德（Thomas Arnold）、紐曼（John Neman）等教育學者那裡承襲下來的紳士教育和古典人文主義教育依然是正統的代表；在另一方面，史賓賽（Herbert Spencer）等所宣導的科學主義教育方興未艾。羅素明確認為要將傳統的紳士教育摒棄，呼籲進行教育改革，以適應迅疾的科學發展和日益複雜的現代生活。

　　整體上來說，羅素和他的老師懷海德（Alfred North Whitehead）、同時代的英國教育家尼爾（Alexander Neill）還有歐洲新教育運動教育家蒙特梭利（Montessori）等人擁有一致的立場，提倡知識的致用、人性的改善和兒童的自由。羅素自己的教育思想，透過一系列著作或零散、或集中的持續闡述了出來，這些著作包括《社會改造原理》（1916 年）、《自由之路》（1918 年）、《幸福之路》（1930 年）、《教育與社會秩序》（1932年）、《民主教育》（1942）等一系列著作，而羅素在教育方面的代表作，當屬 1926 年出版的《教育與美好生活》。本書便是

從羅素的這些教育著作中編選出共十五篇具有一定代表性的文章，可以令讀者全面、透澈的了解這位教育家的思想。

第一章
論教育

無論什麼政治理論，唯有不僅適用於成年男女，還適用於兒童，才是令人滿意的。大多數的理論家並沒有子女，他們即使有孩子，也會小心翼翼的躲著孩子，免得自己被孩子們的喧鬧嘈雜所煩擾。有一部分理論家也曾寫過關於教育的著作，不過在一般的情況下，在寫作時，他們的心裡並沒有想到孩子。那些對孩子了解的教育理論家，比如幼兒園的創始人和蒙特梭利教育體系的發明者，對教育最終目標，也並不是總有一個充分的認知：教育的目的，是成功的做出先進的指導。我對於孩子和教育都沒有什麼了解，我要是能懂得教育，就能夠指出別人的著作中存在哪些缺憾了。不過如果考慮到教育也是一種政治規範，那麼它就涉及到要求重建社會的某些問題，而非教育理論著作家們一般所考慮的那些事情了。接下來我所要討論的，正是這類的問題。

　　教育在形成性格和觀念的過程中所發揮的力量是強大的，這一點已經獲得了人們廣泛的共識。父母和教師的真誠信念雖然和經常講的格言不一樣，不過仍然會被孩子們在潛移默化中所接受。即使孩子在今後的日子裡偏離了這些信念，它們依然會殘留下來，在記憶中深埋，一旦到了緊張危機的時刻，這些信念隨時都能再現出來。一般來說，教育是站在現存事物一方的最強大的力量，它對根本性的變革是反對的。社會制度即使遭遇變革所威脅，依然是強有力的，教育機器由它一家所獨掌，將觀念灌輸進孩子們可塑的心靈當中，讓他們尊重社會習俗的精華。那些主張變革的人則起而反擊，力圖將對手驅逐下優越的地位。不過這對戰的雙方，都沒有將孩子的自身需求考

慮進來，而是不過是將他們視為單純的一堆物質材料，好為這支部隊或那個軍團補充新的兵源。如果將孩子們的需求考慮進來，教育就不應將爭奪兒童當作目標，而應該注重培養孩子的能力，讓他們在兩邊之間做出明智的選擇，並以此作為教育的目標。教育應當注重對孩子的思考能力進行培養，而非讓他們按照老師所想的那樣去想問題。如果孩子的權利受到了我們的尊重，那麼教育就再也不是一種政治武器。如果孩子的權利受到了我們的尊重，那麼我們就應當將教育視為向兒童贈予知識和精神習慣，因為只有將這些東西掌握，獨立的觀念才能形成。然而，作為一種政治力量的教育，卻在試圖將習慣的形成和知識的限定納入特定的軌道，為的是建立一套讓人必須接受的觀念體系。

作為兩個原則，公正和自由包括了社會重建所需要的大多數內容。不過就教育來說，只有公正和自由又是遠遠不夠的。從字面上理解，公正也就是權力平等的意思。顯而易見，對於兒童來說，權利均等是不可能完全做到的。至於說自由，它首先就帶有否定的性質。只要是侵犯自由的，它都會進行譴責，只要這種侵犯是可以避免的。自由並不具有什麼建設性的積極主旨，但是教育卻是一種根本性的建設，它需要獲得構成幸福生活的某些積極概念。雖然在講課訓導的同時，教育也盡量尊重自由，並且在對實行講課訓導方法沒有損害的前提下，教育所提供的自由已經遠遠超過了傳統習慣所能容忍的程度。然而，為了讓孩子掌握一些東西，某種偏離完全自由的做法就顯然還是無法避免的。例外的情況，只能出現在個別智力非凡

的兒童身上，他們被迫和智力一般的夥伴們相隔離。教師之所以承擔著非常大的責任，是因為這樣一個理由：孩子或多或少都一定要受到長者的監護，而不能完全讓他們由著自己的興趣來。在某種程度上，教育的權威作用是不容迴避的。因此教育者既不得不尋求發揮權威作用的途徑，而又要做到使這種權威性和自由的精神沒有出現衝突。

越是不容迴避權威性，就越是需要對他人予以尊重。一個人只要想做到教育有方，想讓孩子成長為有才華有能力的重要人物，就一定要徹徹底底的充滿了尊重精神。那些提倡「機械化生產鑄鐵體系」的人們 —— 那些保守分子和改革者 —— 試圖將人類精神強行注入軍國主義、資本主義、費邊社會主義，以及別的所有的牢籠裡面。這些人所缺少的正是尊重他人。政府部門發布的規章制度、龐大的班級、不堪重負的老師、一成不變的課程，以及一定要生產出水準一模一樣的能說會道的庸才充斥在教育領域當中。凡此種種，唯獨沒有對孩子的尊重，這差不多成了普遍現象。對他人的尊重需要想像力和必要的熱情的；尤其是對於那些獲得了些微實際成就和具有一定權力的人而言，尊重他人就更加需要想像力了。孩子是弱者，而且還有一點愚笨、膚淺；而教師是強者，並且無論哪個方面，都比孩子要聰明得多。因為兒童外在的弱勢，那些不尊重人的教師和不尊重人的官僚，動輒瞧不起孩子。在他看來，塑造孩子就是他的責任。他在想像中把自己看成一個拿著泥土的陶器匠，於是，孩子被他捏成了某種不自然的形狀。隨著年齡一點點長大，這種形狀會變得堅固起來，同時產生出緊張和精神上的憤

瀆，同時還會滋生出殘忍和嫉妒，而且長大以後的孩子還會認為，一定要強迫別的人也要經受同樣的扭曲。

具有尊重感的人則沒有覺得塑造年輕人是他的責任。他認為在一切生物中間，尤其是在人類中，最重要的是在孩子裡有某種神聖的東西存在；它無以限量，捉摸不定，具有某種個性，又珍貴神奇；生命的真諦由此孕育；斷然的沉默表現了與世界的奮爭。在孩子面前，他感到一種無以名狀的自卑──這是用什麼理由都無法抗拒的慚愧，但是和許多家長和教師油然而生的自信心相比，它卻更接近明智。孩子們外在的無助和對於依賴的呼籲，讓他由此產生了託付人的責任感。

他的想像力為他將孩子可能發生的變化展現出來：孩子或者變善，或者變惡；孩子的進取心將怎樣獲得發展，或者怎樣遭遇挫折；孩子的希望將怎樣一定變得黯然無望，生活將怎樣漸漸失去生氣；孩子的信任感將怎樣遭遇打擊，深沉陰暗的念頭如何將活潑機敏的欲望取代。凡此種種，都讓他渴望站在孩子一邊，在兒童自己的戰場上為其助上一臂之力。他將為孩子提供裝備，增添力量。這並非為了國家或沒有人情味的當局從局外提出的目標，而是為了孩子在茫然中的精神求索。只有感受到這一點的人，才能將教育的權威作用發揮出來，並且不會違背自由的原則。

由國家、教會，以及那些從屬於它們的龐大教學單位所實行的教育，缺乏的恰恰就是尊重人的精神。教育所考慮的問題，基本從來既不是小男孩小女孩，也不是少男少女，而總是在準備用某種形式來維繫現存的秩序。對個人來說，教育差不

多只抱有世俗的成功觀 —— 賺錢和高升。教育向年輕人所提供的觀念是如此的平庸，教的無非是教人學會往上爬的技藝。除了少數十分少見的教師外，沒有誰具備足夠的勇氣能夠突破束縛他們為之工作的體制的勇氣。幾乎一切教育都懷有政治動機，為了在與別的團體的競爭中，讓某一團體、某一國家、某一教派或是某種社會的力量得到增強。從主要方面而言，教育的主題正是由這一動機決定的，決定了什麼樣的知識要提供，什麼樣的知識要壓制，學生應該獲得什麼樣的精神習慣也就此決定。在幫助內心精神世界的成長方面，教育卻幾乎沒有任何作為。事實上，在精神生活中，那些受教育最多的人往往已經萎縮枯敗，沒有任何進取之心，生機勃勃的思想早已被刻板機械的態度所取代。

教育現在能夠獲得的某些東西，也勢必會由所有的文明國家繼續獲取。每個兒童都一定會將繼續在別人的教授下學會讀書寫字。一部分人一定將繼續學會所需的、諸如醫學、法律、工程等等專業知識。對於適合學習的人而言，科學和藝術所需要的高等教育還是必不可少的。除了歷史、宗教和別的類似的領域之外，授業講課雖然沒有明顯的害處，但卻算不上合適的方法。也許應該在充滿自由精神的氣氛中講授課程，並且力圖將授業的最終用途說明，當然很明顯有許多課程都是已經傳統過時的東西。不過就主要方面而言，授業講課還是必不可少的方法，它還會成為一切教育制度中的一個組成部分。

但是，正是在歷史、宗教和別的長期有爭議的專業領域中，授業講課卻具有十分明顯的害處。這些專業和學校的利益

有關；正是因為這些利益，學校才得以保存。這些利益要求
保留學校，為了將某些和這類專業有關的觀念灌輸給學生。在
任何一個國家裡，講授歷史學的方式都是這樣的：它對自己的
國家張揚誇大，讓孩子們相信他們的國家通常都是對的，也總
是能夠獲得勝利的，幾乎一切偉大的人物都是由這個國家造就
的，無論在什麼方面，這個國家都遠遠超過了其他所有的國
家。因為這些信念聽起來讓人感到十分舒服，因此很容易被人
們接受，以致以後學到的知識也不能將這些信念從人們的直覺
中排除。這裡可以舉一個簡單甚至是瑣細的例子：關於滑鐵盧
戰役，人們已經知道了很多極為具體的情節和精微之處。但
是，在英國、法國和德國，初等學校所講授的內容卻有極大的
差別。

　　一般英國男孩會以為在這個戰役中，普魯士人沒有發揮任
何作用；而一般的德國男孩則以為，當普魯士元帥布呂歇爾
（Gebhard Leberecht von Blücher）的英勇軍隊調頭前往救援的時
候，英國元帥威靈頓（Arthur Wellesley, 1st Duke of Wellington）
已經打了一場徹底的敗仗。如果在這兩個國家中，將滑鐵盧
戰役的情況準確的講授出來，民族自豪感就不會發展到這個程
度，沒有哪個國家會認為在戰役中自己一方一定會獲得勝利，
好戰的欲念也就漸漸消失了。但是，人們正是要阻止的正是這
種結果的發生。每個國家都希望宣揚民族自豪感，並且對此都
有清楚的意識，依靠不偏不倚的歷史學，是成就不了民族自豪
心的。人們用曲解、強制和暗示的手法，教育著缺乏抵禦能力
的孩子。所以，在很多國家中傳授的歷史觀念都是錯誤的。這

樣的觀念鼓勵人們爭凶鬥狠,並且為維護執迷不悟的民族主義活力而服務。如果人們想要有一種良好的國際關係產生,那麼首先就是要成立一個國際委員會,將一切教授歷史學的任務都交給它。這個委員會要編寫客觀中立的教科書,而不受現在四處為人們尋求的愛國主義偏見所影響。

準確的講,宗教也是同樣的情況。通常都是這樣的情況,初等學校要麼被控制在某些教會手裡,要麼被傾向於某種宗教的國家所掌握。宗教團體的存在是因為這樣的事實:教會的成員都對某種事物抱有確定的信念,而事實上對於這種事物,還沒有一個看得清的真理存在。教會學校不得不控制那些天性好問的孩子,就是為了不讓他們發現:這種確定的信仰,原來還是有人在反對的,而這些反對者又並不是沒有理智的:另外,還有許多具有判斷力的人覺得,支持任何一種確定的信仰,都沒有什麼有力的憑據。在諸如法國這樣的軍事化的非宗教國家中,國立學校和被宗教控制的學校那樣,是可以獨斷專行的。(據我所了解,在法國的小學裡,絕對不許提到「上帝」。)所有這些的情況導致了一個同樣的結果,求知詢問的自由被人為的阻止了。在世界上最重要的問題面前,孩子們所能獲得的,要麼是教條,要麼是冷酷的沉默。

這樣的惡行,不僅在初等教育中有,在高等教育中同樣有,不過是以更微妙的形式存在著。

人們試圖掩蓋惡行,但是邪惡依然故我。伊頓和牛津都有十分清楚的目的性,不過它們沒有公開講出來的目的性卻同樣強大而有效。這兩所大學差不多所有的學生,都產生了對「禮

儀」的崇拜。這種「禮儀」和中世紀的宗教一樣，對於生活和思想而言，是一種毀壞。「禮儀」能夠和外表虛心開朗、兼聽各方意見、溫文爾雅的對待敵手等和諧共存，但是它卻無法容忍本質上的虛心謙懷，也絕對不允許從內心深處對他人的意見表示尊重。禮儀的本質，是認為某種行為方式具有非常重要的意義。在同一層次的人中間，這種行為方式能夠產生減緩衝突的作用，但是對於等而下之的人而言，它卻微妙的留下一種印象：下等人自身真的是非常粗野殘忍。在以勢取人的民主制度下，作為維護富人特權的政治武器，禮儀具有十分卓越的作用。對於那些雖然有錢但是沒有強烈信仰和非凡追求的人來說，禮儀是造就和諧社會環境的一種措施，所以它有一定的益處。然而從別的方面來看，禮儀是令人討厭的。

　　禮儀的害處來源於兩個方面：其一，它對自身的正確性絕對相信，其二，在它看來，和智慧、藝術創造力、活力，以及世間別的推動事物發展的動力相比，正確的風度是人們所更需要的。但是，一個人要是絕對的自信，那麼這種自信本身就足以將一切精神上的發展毀滅。偉大的精神力量差不多一定會伴之以生硬的姿態和令人尷尬的舉止。所以，當禮儀對生硬和令人尷尬的模樣投以輕蔑時，它就會成為一股破壞力，可以將一切和「禮儀」相連的人們毀滅。禮儀本身是僵死的，是一成不變的，所以，禮儀就會用它的舉止，將僵死的氣息傳播給那些不具有「禮儀」的人們，讓很多原本生機勃勃的人也變得僵化起來。對於英國小康和引起小康注意的能人來說，「禮儀」造成的危害不勝其多。

只要教育是為了製造信仰，而不是鼓勵思考；是逼著年輕人對於可疑之事抱定無疑之見，而不是放手讓他們對可疑之處進行觀察，鼓勵他們得出自己的獨立見解，那麼，禁止求知探索的自由就是不可避免的事情。教育不應當認定某些特殊的信條就是真理，而應當培育追求真理的希望。但是，正是信條將人們團結在爭戰的集體（國家、政黨、宗教）周圍。戰鬥力正是從信條中凝聚的信仰產生，讓勝利為那些對可疑之事抱定最堅定信念的人們所有。但是事實是，對可疑之事產生疑問，才是理性的態度。為了讓信仰的凝聚力和戰鬥力得到增強，就扭曲了孩子的天性，束縛了他們自由發展的前景；人們培育的是禁錮之心，它成為阻止新思想成長的障礙物。對於那些思想不怎麼活躍的人而言，隨之而來的後果，就是讓偏見占有了無限的力量；但對於那些極少數的、無法扼殺其全部思想的人來說，他們則會變得看破紅塵，精神絕望，冷嘲熱諷，將一切都否定了；他們可以將所有富有生機的事物都視作蠢物，但是卻無法提供創造的活力，而他們自己則將其他事物的活力給毀滅了。

　　靠著壓制思想自由所打贏的勝仗，是短暫且沒有什麼價值的成功。從長遠的角度看，無論要在戰鬥中獲得勝利，還是要在生活中過上好日子，都有一點十分重要，那就是要有精神活力。將教育視為一種訓練方法，一種利用奴役而產生高度一致性的手段，這樣的事情十分常見。人們之所以為這種方法辯護，主要是因為它能夠帶來戰爭的勝利。那些喜歡以史為鑑的人都喜歡引用斯巴達打敗雅典的故事，以此來證明他們的觀點

是正確的。然而，有力量征服人類思想和想像力的卻不是斯巴達，而是雅典。我們中的任何人，如果可以再生於業已流逝的歷史重要時期，那我們都不會願意做斯巴達人，而願意做雅典人。在現在的世界，實際工作需要這樣多的智力，以至於要想在對外戰爭中獲得勝利，主要靠的是智慧，而不是聽命馴服。那些教人輕信的教育很快就會導致精神上的轉變；而唯有保持精神的活力，自由的去探索去求知，才可能獲得必不可少的些微進步。

從事教育的人一般灌輸的精神習慣都是這樣的：服從和紀律，為了獲得世俗的成功，而要進行殘酷無情的爭鬥，對反對派要蔑視，毫無疑問的輕信，熱情的接受教師的聰明。一切這些習慣都是和活力相對立的。實際上，獨立性和進取心，而不是服從和紀律，才是我們應該保存的。教育力圖發展的絕非殘酷無情，而應該是思想的公正性。它應該灌輸的是尊敬的意識，和努力的去理解他人，而非輕蔑；對於別人的見解，不應該是無可奈何的默認，而是應該看到正是這種對立的見解具有能夠理解的想像力，所以可以清楚的說明為什麼對立的緣由。它所要達到的目標並非輕信，而是將具有建設意義的懷疑之心激發出來，熱愛精神世界的發展，從本質上認知到要想征服世界，需要靠大膽無畏的進取思想。由於漠不關心心靈的需求，人們就會安於現狀，就會讓個體的學生依附於政治的目的。這些就是邪惡產生的直接原因。不過在這些原因的背後，還有一個因素是更根本的，那就是在人們眼中，教育不過是一種手段，一種向學生施以權力的手段，而沒有將其視為一項培育學

生成長的措施。正是因為這個，缺乏尊重感的現象才會顯露出來；而只有憑藉更多的尊重感，根本性的改革才能獲得進展。

　　只要還得維持課堂秩序，只要還要講授某些課程，服從和紀律就好像是必不可少的。在某種程度上說，這是對的；不過在某些人的眼中，這樣的程度又是遠遠不夠的。他們覺得，服從和紀律本身就很有價值，也很有吸引力。所謂服從，就是讓個人的意願服從外部的指令。所以，服從即權威的對應物。倔強的孩子、精神病患者還有罪犯說不定需要權威，應當強迫他們服從也是應該的。但是即使在一定的範圍內，這樣做是有必要的，但是這終究是一種不幸。選擇目標的自由才是我們所追求的，這種自由不應該受到影響。教育改革家已經證實，採用這種自由的方法是有望獲得成功的，其可能性已經大大超出了我們的前輩所認為的那樣。

　　龐大的班級，還有因為經濟窘迫導致的教師工作負擔過重，是導致學校一定要要求服從的原因。活靈活現的講課需要的精力有多麼大，對於沒有教學經驗的人而言，是根本無法想像的。在他們眼中，教師的工作和銀行出納員差不多，讓他做很多個鐘頭的工作非常的合理。這樣做的後果就是導致了極度的疲乏，還有易怒的神經，教師只能被迫機械的應付著日常的工作。就這樣，不強行讓學生服從，機械性的工作就進行不下去。如果我們對教育嚴肅的看待，就像為了獲得一場戰爭的勝利那樣，將保持孩子心靈的活力當成一件十分重要的事情來認識，那麼我們從事教育工作，就會以完全不同的方式。我們將會堅定不移的朝目的而努力，即使將要在經濟上付出成百上千

倍的代價也在所不惜。對於大部分的人來說，教學量少一點，才會讓人感到愉快，才能讓從教的人員感到神清氣爽，從而讓即使沒有紀律的約束，學生們也會樂於學習。對於極少數的還是對學習提不起一點興趣的學生，則不妨採用隔離施教的辦法，另選不一樣的課程。教師從事教學工作應當量力而行，要能夠差不多每天都能愉快的工作，並對學生的精神需求有所了解。隨之而來的結果是，師生之間的敵意將會被友誼所取代。大部分學生將會意識到，教育可以為改善他們的生活提供服務，而不是僅僅作為外部的強制力量，耽誤了他們玩耍，非得要他們一動不動的坐在那裡好幾個小時。為了實現上述的目標，就要花費非常大的經濟開銷，以此保證教師享有充分的閒暇時間，並讓他們從心底裡對教育工作是熱愛的。

　　學校裡的那種紀律大多數都是一種惡行。然而對於獲得任何成就，有一種紀律卻都是必不可少的。那些反對用傳統方法簡單的從外部實行紀律的人，可能還無法充分的評價後一種紀律。理想的紀律，是屬於這樣的一種類型的，它來自於人們的內心；作為一種毅力，它執著的對遙遠的目標進行追求，在前行的征途之上飽經磨難。它要求用意志來去控制衝動，並且導致一種指導力量，即憑藉具有創造力的追求來指導行動，即使當這種追求還不是那麼生動清晰的時候，也還是這樣。如果沒有具備這一點，苦苦追求的雄心（不管這雄心是好的還是壞的）就無法實現，始終如一的目標就無法壓倒別的力量。這種類型的紀律是十分有必要的。但是，它只能產生於一種強烈的願望——對於達到暫時還不能企及的目標的願望。教育只有

培養這種願望，才可以產生有益的紀律。然而目前的教育基本上都沒有做到這一點。這種紀律並非來自外部的權威，而是來自人的內心。大部分學校所要求的紀律都不是這種類型的，但是在我看來，正是這種紀律才是與惡行無緣的。

初等教育所主張的紀律會帶來被動的服從，所以也就為人們所討厭。另外，現有的教育並不鼓勵自我指導式的良好紀律。但是儘管這樣，某種純粹的精神紀律還是會產生於傳統的高等教育下。我所講的這種紀律，可以讓人隨意的將思考力集中於在他看來有必要考慮的事情上，而不管之前占據了他的思維是什麼東西，也不管擺在他面前的有什麼煩人之事或思維上的難點。即使這種特質並沒有什麼重要的內在精華，然而卻能夠作為一種工具，讓思維效率得到極大的提高。正是這種特質讓律師能夠對某項專利法案中的科學細節無比精通，而一旦做出判決後，那些瑣細的科學問題就會被他拋諸腦後。這種特質同樣能夠讓家僕快速的、一件件的處理很多不一樣的行政問題，還讓人們可以在辦公時間將私事忘卻。在複雜的世界上，這種特質對於那些從事需要精力集中工作的人來說，是一種必不可少的能力。

培養精神紀律上的成功，是傳統高等教育的主要優點。如果沒有採用強迫或說服的方法讓人集中精力從事某些工作，我會擔心是否能夠產生精神紀律。正是因為這個，我覺得，一旦過了兒童期，像蒙特梭利夫人那樣的教育方法也就不再適用了。蒙氏方法的本質，是為就業提供一種選擇。各式各樣的職業中，總有一種會讓大部分的孩子感興趣，但就所有的職業來

說，則一定要用指導的方法傳授給他們。和做遊戲時一樣，兒童的注意力是會稍縱即逝的。假如興之所致，孩子就會在娛樂中學會知識；但是如果孩子沒有產生意願，那就一點知識都不會學到的。我確信，最佳的教育兒童的方法是：實際結果顯示如果不採用這種方法，那就沒辦法可想的那種方法。不過，怎麼樣根據意願讓這種方法可以導致對注意力的控制呢？這卻是一個非常棘手的問題了。有很多事情肯定是讓人無法提起興趣的；即使那些起初能讓人感興趣的事情，只要人們沒有對它們的必要性進行充分的考慮，也往往會變得索然無味。保持長時間注意力的能力是特別重要的。如果沒有從最初就憑藉外界的壓力來對這種習慣進行培養，那麼人們想廣泛的獲得這一能力就很難了。的確，有很少一部分孩子具有極強的求知欲望，他們自覺自願的主動學習所有的必修科目。但是對於一些別的孩子而言，不管是哪一門功課，想讓他們認真的學習，都不得不憑藉外部的誘導。在那些從事教育改革的人士中間存在一種恐懼感，他們害怕付出十分大的努力；另外，在世界的範圍內，存在著一種不耐煩的情緒，還在普遍的滋長著。這兩種傾向既有其好的一面，也有危險的一面。只要可以有力的將孩子的學習興趣和成功欲望激發出來，那麼，不憑藉外界的強迫，而是採用勸說引導的方法，也能夠維繫受到威脅的精神紀律。一位好的教師，應該具備在任何一個具有足夠智力的孩子身上做到這一點的能力。對於所有別的孩子來說，現在那種純粹書呆子式的教育卻一定不會是最好的方法。只要對精神紀律的重要性有所意識，只要精神紀律是能夠培養的，那麼我們就有憑藉呼

籲學生提高自我需求意識的方法，來對他們的精神紀律進行培養的可能。然而，只要我們沒有要求教師成功的掌握這種方法，他們就隨時會墮落得又懶又笨，犯錯誤的明明是他們自己，卻會反過來批評學生。

只要繼續維持現有的社會經濟制度不變，學校就會教育學生了解經濟角逐中的殘酷性，這幾乎是不可避免的。在中產階級的學校中，這一點一定會表現得特別突出。因為這些學校的數量，由學生家長的評價如何決定，為了讓家長們給好評，學校就會利用廣告的手法來宣傳張揚學生們的成功之道。這種方法是有害的，是在國家競爭性機構的眾多有害性的一個表現。在孩子中，自發且無偏見的求知欲望是十分常見的現象。另外，喚醒具有這一潛在傾向的人也是比較容易的，他們進而會用自發、無偏見的態度對待學習。然而，這種現象卻被那些心裡只有考試、畢業證書和學位的教師殘酷的制止住了。對於那些擁有較強能力的孩子而言，從他們跨入學校的那一刻起，一直到從大學離開，他們都沒有思考的時間，也無暇耽迷於智力的趣味。自始至終，任何別的東西都沒有，有的只一連串考試和背書，好像苦役一般。最後，即使是最聰明的孩子對學習也膩了，只盼著將功課統統忘掉，盡快逃進實際生活裡。但是，實際生活中也和之前一樣，他們又被經濟機器關入牢籠，他們所有的自發興趣又遭遇了挫折，在現實中碰得鼻青臉腫。

考試制度還有訓導授課（它是培養大家的主要手段），讓孩子們從純粹功利的觀點出發，將知識視為賺錢的門路，而非通往智慧的大門。如果這只對根本沒有智力興趣的人產生作用，

那倒也無所謂了。然而十分不幸的是，那些智力興趣極強的人也受到了它的影響，因為正是在後面這種人的身上，考試施加了極為嚴酷的壓力。教育對於這種人最明顯的表現為成為人上人的手段。對於別的所有的人來說，教育在某種程度上也是這樣的。不平等的社會榮譽感和殘酷性對教育有著無所不在的影響。只要是不帶偏見的、自由的去考慮一下，儘管即使在烏托邦這樣的國家中也可能繼續有不平等的現象存在，不過現實生活中的不平等畢竟是與公正性相矛盾的。但是，我們的教育制度卻在施教者的全力鼓動下，企圖對每個學生都隱瞞這一點，當然，這一點在失敗的學生身上是瞞不住的，因為只有那些獲得了成功的學生才可以憑藉著不平等走上致富之路。

大部分的男孩女孩都很容易被動的接受教師的智慧，因為這樣做並不需要付出獨立思考的努力。這樣做好像是合理的，因為教師知道的通常都比學生多，而且這樣做，也更能討得老師的歡喜，除非他的教師是個十分古怪的傢伙。但是在學生將來的生活當中，被動的接受這個習慣卻是十分危險的。因為，它會讓人總願意去請示上司，而且無論坐在主管職位上的是誰，他都樂於接受。這樣的做法就等於將權力賦予了教會、政府、政黨決策機構以及別的所有的組織。但是這些團體卻把平庸的人們引向歧途，讓他們支持舊制度，而這些舊制度是危害民族和平民自身的。假如教育可以全力促成人們學會獨立思考，雖然這樣的思考方式可能也不會十分的普及，但是總會比目前普遍得多。如果教育是為了幫助學生進行思考，而不是讓他們被動的接受某種定論，那麼教育就會以完全不同的另一種

方式進行了，即重複性的授課訓導將會大幅度減少，討論和鼓勵學生表達個人意見的機會將會大大的增加，人們將力圖讓教育對學生所感興趣的那些問題表示關注。

最為重要的是，需要做出努力將對精神發展的熱愛喚醒、激發起來。我們所生活的這個世界真的是非常豐富多彩，令人驚嘆。某些看起來十分平淡的事情，越思索，可能就越會變得無法理解；而其他的一些事情，想起來真的是不可思議，然而在天才和勤奮的人那裡卻是坦露無遺。思想的偉大力量能夠統治遼闊的土地，不過在更加廣袤的領土之上，它則只能隱隱約約的顯示出想像的圖景。只有讓心靈擺脫物質浮華的日常束縛，只有避開索然無味的瑣碎公務，思想的偉大力量才會降賜於人，生命才會處處充滿著盎然的趣味，平庸世界的大牆才會轟然崩塌。這樣，誘導人類對南極進行探險的同樣愛好，誘引人們奔赴戰場以圖一試膂力的同等熱情，就會為創造性的思想取而代之。人類的熱情將會從這種思想中得到宣洩。它既不會將人類的情感浪費，也不會用冷酷來取代愛心。相反的是，人類的精神將會在未知領域裡掬起一捧金輝，灑落在生命的肉體之上，讓生活閃爍出耀眼的光芒，進而提高人類的尊嚴。或多或少把這份歡愉帶給一切具備獨立思考能力的人們，這可是可貴的精神教育的最高宗旨。

有人可能會說，精神探索的歡愉一定是極為罕見之物，幾乎不會有誰會讚賞它，普通的教育不可能將如此精神貴族化的東西看作值得重視的尤物。不過我卻不這樣想。和成年男女相比，精神探索的歡樂在孩子中間遠遠稱不上罕見。在尋求

信仰和易於幻想的童年，孩子們會自然而然的生發出探索精神的歡樂，這是十分常見的事。隨著歲月的推移，這種歡愉越來越少見，那是因為精神探索的歡樂為教育所扼殺。在這個世界上，人類對於思想的恐懼，遠遠超過了對其他任何事物的恐懼──包括對毀滅，甚至對死亡的恐懼在內。思想意味著顛覆和革命，還意味著破壞和恐怖；對於特權、傳統的社會勢力以及養尊處優的習慣而言，思想是十分殘酷無情的；無法無天，獨往獨來的思想漠然冷視著權威，即使是受過良好教育的聰明長者，它的態度也是不屑一顧。思想深入地獄的巢穴中窺視，並且絲毫沒有恐懼之感。在它的眼睛裡，人類無非是一粒虛弱的砂塵，身陷在冷寂的萬丈深淵當中。但是，思想卻可以驕傲的獨自承受一切，好像它就是萬物之主，竟自巋然不動。偉大、敏捷、自由的思想，你是全世界的最高的燈塔，是全人類最高的榮耀。

如果思想為很多的人逐漸擁有，而再也不是極少數人的特權，那麼我們就再不會害怕。讓人類躊躇不前的正是恐懼──他們對心中的信仰害怕，乃是擔心信仰會被證明不過是一種妄想；他們對人類生活於其間的社會制度害怕，乃是擔心社會制度會被證明竟然是一種具有危害的力量；他們對他們自己害怕，乃是擔心自己會被證明，並沒有像所期望的那樣值得尊敬。「可以讓勞工自由的思考財富嗎，那會把我們富人置於何地？可以讓少男少女自由的思考性欲嗎，那會讓道德變成何物？可以讓士兵自由的思考戰爭嗎，那會讓軍紀成何體統？讓思想滾開吧！重返偏見的陰影下吧，免得我們的財富、道德、

戰爭都遭到威脅！寧可讓人類變得懶惰、愚蠢、壓抑，也不能讓他們的思想獲得自由。因為思想一旦得到了解放，他們就可能再也不會按照我們的意願行事。所以，我們要不惜一切代價，也要避免這一災難發生。」這就是那些敵視思想的人，在他們下意識的靈魂深處做出的論辯，同樣也是他們在他們的教會、中學和高等學府裡所做出的反應。

　　被恐懼所左右的社會制度，是不可能讓生活得到改善的。希望，而非恐懼，才是人類生活中具有創造力的因素。所有造就了人類偉大力量的事物，都是在對善行的竭力維護中產生的，而非對所謂惡行的拚死躲避。正因為現在的教育幾乎沒有得到宏圖大略的激勵，因此它也就基本不能獲得偉大的成就。那些為人師表者的心靈為這樣一個念頭所統治著：寧可維護傳統，而不想創造未來。教育不應該將被動的了解死去的事實作為宗旨，而應該將目標放在行動上。原因是這種行動和我們努力創造的世界是相一致的。在古希臘和文藝復興的奇葩凋零之後，教育不應該被懷舊的留戀所激勵，而應當為未來社會所呈現的耀眼景象所歡欣鼓舞，應該被思想將在將來獲得的勝利所推動，還應該為人類探究宇宙的空前絕後的開闊視野所振奮。為這種精神所薰陶的人們，將會飽含活力、希望以及歡樂。他們有擔負起自己的責任的能力，為人類開闢一個輝煌的未來。在新的時代裡，憂鬱將會減少，未來對人類奮力創造的榮譽飽含信心。

第二章
教育的目的

在考慮如何施教之前，最好要先將我們想要獲得什麼樣的結果搞清楚。阿諾德博士要的是「謙卑之心」，亞里斯多德所說的「慷慨之士」則沒有具備這種特質。尼采的理想是非基督教式的，康德也是這樣：基督要求仁愛，康德卻教導，說任何以愛為動機的行為，都不可能做到真正的有德。即使人們在良好品性的構成要素上看法差不多，可能又會對這些要素的相對重要性產生了分歧。有人青睞勇敢、有人注重學問、有人崇尚仁慈、有人珍視正直。像老布魯圖斯（Marcus Junius Brutus）這類的人會把國家義務置於家庭情感之上；像孔子這樣的人則將家庭情感擺在最重要的位置。一切這些分歧都會在教育上產生差異。我們一定要先對所要培養的人才類型有某種概念，才可以對我們認為最好的教育做到心中有數。

當然，難免會有一些比較愚蠢的教育者，他們的教學成果和既定目標背道而馳。烏利亞・希普（Uriah Heep）是某慈善學校謙恭課程的產物，教出這樣的學生和這課程的初衷距離很遠。不過整體上來說，那些最能幹的教育家還是十分成功的，比如中國的士大夫、現代的日本人、耶穌會士、阿諾德博士還有美國公立學校教育方針的指導者們。所有這些人用他們自己的不同方式都獲得了不小的成就。不一樣的例子中所定的目標完全不一樣，不過差不多都達到了預期結果。在嘗試確定我們自己應該以什麼作為教育目的之前，對這些不同體制略作探討或許是有必要的。

中國的傳統教育在有一些方面和鼎盛時期雅典的教育十分相像。雅典男童需要能夠將《荷馬史詩》一字不落的背誦下

來，中國男童也差不多，要能夠將儒家經典爛熟於心。雅典人學到了這樣的敬神方式：由外部儀式組成，並且不會為知識思考設置障礙。同樣，中國人掌握了和關於祖先崇拜的特定禮儀，但是絕不意味著一定要接受那些禮儀所暗含的信仰。溫文爾雅的懷疑主義是有識之士應該有的態度：凡事都能夠進行討論，然而貿然就下結論的做法是無法登大雅之堂的。各種觀點應該是能夠讓人在用餐時心平氣和交流的東西，而不是供人鬥嘴的。卡萊爾（Thomas Carlyle）說柏拉圖是「一位高貴的雅典紳士，至死也依然保持神定氣閒」。這種「至死依然神定氣閒」的風範，在中國聖賢身上也可以看到，不過一般難以在基督教文明所產生的聖賢身上覓其蹤影，除非像歌德那樣深受希臘精神影響的人。雅典人和中國人一樣，都願意享受人生的快樂，而且都擁有一種因細膩美感而得到昇華的享樂觀。

不過這兩種文明也有極大的差異，這些差異的源頭是這樣一個事實：整體來說，希臘人精力十分充沛，而中國人比較慵懶散漫。希臘人將他們的精力投入到了藝術、科學和戰爭，並在這些方面都獲得了極大的成就。希臘人將自己的精力實際的轉化成為政治抱負和愛國精神：當一位政治家被推翻了，他會帶著一批亡命之徒去進攻自己的家鄉城市。而如果是一名中國官員被皇上貶黜了，則會退隱山林，寫幾首田園詩，聊以自娛。於是，希臘文明毀於自己的手，而中國文明只能是被外敵滅亡。不過，這些差異好像也不能完全說是教育的原因，因為儒教在日本從來沒有產生這種作為中國士大夫特色的閒適而文雅的懷疑論，只有京都貴族是個例外，他們畢竟是屬於聖日耳

曼區人。

　　中國的教育造就安定和藝術，卻沒有能夠孕育進步或科學。這可能是懷疑論順理成章的結果。熾熱的信念所能夠帶來的，要麼是災難，要麼是進步，但一定不會是安定。即使在攻擊傳統信念時，科學也依然堅持自己的信念，在一種文人懷疑論的氛圍裡，它想昌盛起來很難。在一個被各種現代發明所統一的好鬥的世界裡，活力是民族自保所必不可少的。而且沒有科學，民主也是不可能的：中國文明只為少數有教育經歷的人所享有，希臘文明則是以奴隸制為基礎的。因此，中國的傳統教育並不適合現代的社會，並且現在已經為中國人自己給拋棄了。某些方面和中國士大夫相似的 18 世紀那些十分有教養的紳士，也因為同樣的原因而銷聲匿跡了。

　　一切大國都有一個突出的傾向，那就是將國家強盛為教育的至高目的，現代日本就是這方面最典型的例子。日本教育是為了培養這樣的公民：既充滿為國家獻身的熱情，又透過學習知識，成為國家的棟梁。對日本為了實現這種雙重目的所採用的手段，我是無法加以讚賞的。從培里將軍（Matthew Calbraith Perry）的艦隊到日本以來，日本人陷入了難以自保的困難處境；除非我們覺得自保本身是有罪的，日本人在這方面獲得的成功證明他們的方法是有效的。然而他們的教育方法只有在絕境中才具有正當性，無論是哪個沒有處於緊迫危險中的民族，使用這些方法都應該遭到譴責。即使是大學教授都絕不能提出非議的神道教，它裡面包含的歷史和《創世記》一樣十分值得懷疑；在日本的神學專制那裡，達頓審判不值一提。同樣命運

的還有倫理專制：民族主義、孝道、天皇崇拜等等，都是容不得一點質疑的，以致很多方面的進步都基本是不可能的。這種剛性體制的最大危險在於導致革命，因為革命是它獲得進步的唯一途徑。這種危險雖然不是近在眼前，卻是真實存在的，並且在很大程度上，是由教育體制所引發的。

由此我們看到，現代日本的弊病和古代中國的弊病正好完全相反。中國的文人雅士過於懷疑和懶散，而日本教育的產物又是顯得過於獨斷和奮發。遵從懷疑主義和遵從教條主義這兩者都不是教育應有的結果。教育應該產生這樣的信念：雖然面臨很多的困難，知識在一定程度上是能夠獲得的；在任何一個時代，被視為知識的東西都或多或少存在一定錯誤的地方，透過謹慎和勤勉，能夠將這些錯誤糾正。

當我們按照信念而採取行動，應該警惕因為小過而鑄成大錯；即使這樣，我們的行動還是一定要以信念為基礎。要想達到這種心態很難：它需要非常高的理智修養，並且情感不應該衰萎。不過，雖然很難，但是不是不能；事實上這就是科學心態應有的樣子。和別的美好事物一樣，獲取知識固然非常困難，但是並不是不可能的；教條主義者將困難忘記，而懷疑主義者否認了可能。兩者都不是正確的，一旦他們的謬誤蔓延開來，就會為社會帶來禍患。

耶穌會士犯了現代日本人犯過的錯誤，即使教育對某種機構的利益表示服從 —— 在他們這個的例子裡，某種機構是天主教會。他們主要關心的並非學生的個人利益，而是讓學生成為用來謀取教會利益的工具。如果我們接受了他們的神學信

仰，就無從指責他們：從地獄中拯救靈魂比任何單純塵世間的利害得失都重要，而且要想實現，只能透過天主教會。但那些沒有接受這種教義的人，會根據結果來對耶穌會士的教育進行評判。的確，在有的時候，這些結果就像培養出烏利亞·希普那樣是事與願違的：伏爾泰（Voltaire）就在耶穌會士的教育方式下接受過教育。不過整體來說，耶穌會士長久以來還是得償所願的：反宗教改革運動還有法國新教的瓦解，多半應該歸因於耶穌會士的努力。為了實現這些目的，他們讓道德趨於放縱，讓思想流於膚淺，讓藝術偏於感傷；最終竟然需要法國大革命來將他們造成的禍害掃蕩清除。在教育上，他們的罪過在於教育的動機是出於一個不可告人的目的，而非出於對學生的愛。

　　現在還在英國公學中實行的阿諾德博士的體制，還存在另一個缺陷，也就是它是貴族式的。這個體制的目標是培養位高權重的人，不管是在國內，還是在帝國的海外領地。貴族要想一直存續下去，離不開那些特定的美德，這些美德將由學校傳授給他。這樣一番教育造就的學生應當是身強體健、信念堅定、正直誠實、精力充沛、不畏艱險，並且胸懷大志的。這些目的實現程度之高令人驚嘆，但是沒有理智，理智被消滅了，因為理智會產生懷疑。被消滅的還有同情，因為同情不利於統治那些「劣等」的種族或階級。抑制想像，以求堅定不移。泯滅仁慈，以求剛毅不屈，如果世道不變，這可能能夠得到一種斯巴達式的、瑕瑜互見的恆久貴族制。然而現在貴族制已經過時了，即使是最英明賢德的統治者，也無法獲得他治下民眾的

俯首順從了。就這樣，統治者趨於使用暴政，而暴政又進一步的激起了反叛。現代世界的錯綜複雜，對理智的要求越來越高，而阿諾德博士卻要為了「美德」而將理智消滅。滑鐵盧戰役可能是伊頓公學操場上的勝利，大英帝國卻會在那裡遭遇失敗。現代世界需要各種不一樣類型的人才。他們具有更多富於想像的同情心，更充滿理智的靈活性，更多的服膺技術知識，而不是匹夫之勇。未來的執政者一定會是自由公民的僕人，而不是由萬民所景仰的仁主。英國高等教育所包含的貴族傳統即是其禍根所在。可能這一傳統會被漸漸的清除，可能老牌的教育機構將對新的環境無法適應。關於這些，我就不再妄加評論了。

美國的公立學校成功的完成了一項前人從來沒有大規模嘗試過的事業：將各色人等轉化為一個統一的民族。這件事做得如此巧妙，在整體上來說，又是如此有益的工作，對完成它的人給予高度讚賞是理所應當的。不過美國和日本一樣，是處在一種特殊情形裡面，而在特殊環境裡面正當合理的事情，未必是放諸四海而皆準的。美國確實存在某些優勢，也存在某些困境。美國的優勢包括：財富程度高，沒有戰敗的風險，相對的沒有受到源於中世紀的傳統的束縛。移民們在美國所看到的，是隨處可見的民主氣氛，還有十分先進的工業技術。我認為，正是因為這兩個主要原因，差不多所有的移民對美國的頌揚，都遠遠多於對他們自己祖國的讚美。不過現實中的移民一般都懷著雙重的愛國之心：面對歐洲的紛爭，他們還是熱烈的支持自己的祖國。而他們的子女正相反，對自己父母的祖國已經沒

有任何忠誠可言，已經成為純粹的美國人。父母們之所以是這種態度，要歸因於一般的美國價值，而他們子女們的態度，主要由他們在學校所接受教育所決定。我們這裡只留意一下學校的貢獻。

真正的美國價值是學校教育所依賴的，就此來說，美國的愛國主義教育不用和虛假標準的灌輸結合在一起。但是，在舊世界勝過新世界的地方，灌輸對真正優點的蔑視就變得十分的有必要了。整體上來說，西歐的知識水準和東歐的藝術水準都要高於美國。除了西班牙和葡萄牙，在神學迷信方面，西歐諸國要比美國少。幾乎所有歐洲國家中的個人，都不像在美國那樣遭受集體的宰制：甚至個人的政治自由越少，他的心靈自由就越大。美國公立學校的做法在這些方面是有害的。當進行一種排他的美國愛國主義教育時，損害就是無法避免的了。跟日本人和耶穌會士的情況類似，這種損害的來源是把學生作為一種實現某一目的的手段，而非目的本身。教師對學生的愛應當超過對國家對教會的愛，如果做不到這一點，他就算不上一個稱職的教師。

當我說學生應該被當作目的而不是手段時，可能會有人這樣反駁我：人之作為手段，終究要比作為目的更為重要。作為目的的人，隨著他的死去而消亡，他作為手段所得到的東西卻是永遠都不會泯滅的。我們不能將這一點否認，然而我們可以拒斥由此推出的結論。一個人作為手段的重要性能夠在好的方面表現出來，也能夠在壞的方面表現出來；而人類行為的長遠影響是非常的不確定的，以至於明智的人往往會在其謀畫中將

其忽略。泛泛的說，善有善果，惡有惡報。當然，這並非一條亙古不變的自然法則。一個壞人也許會將一個暴君殺掉，因為他犯下了罪行，犯下了暴君所要懲治的罪行；雖然他本人還有他的行為是壞的，但是他行為的結果卻也許是好的。儘管這樣，作為普遍的定律，由本性美好的男女組成的社群的影響，要比由愚昧和歹毒之徒組成的社群更好。

即使將這些拋開不談，兒童還有年輕人，也能夠本能的覺察出來那些真正希望他們好的人，和只是將他們當某項計畫的胚子的人之間的差別。如果教師沒有什麼愛心，那麼學生的品性和智力都不會獲得自由或良好的發展；而以孩子為目的的感受，才是這種愛心的根本所在。對於自己我們都有這種感受：我們渴望美好的東西歸諸自己，這用不著先去證明我們得到它們能夠促進某個偉大目標。任何一個具有通常的慈愛之心的家長，對於他們的孩子也都會有完全一樣的感受。父母都盼著希望自己的孩子能夠茁壯成長、成績優異等等，這些和盼著他們自己得到的某些東西是完全一致的；當他們操心這些事時，不會計較自我犧牲，也和抽象的公平原則沒有關係。父母的這種本能並不是總是僅限於對待自己的孩子。推而廣之，它一定存在於任何一個能夠成為小孩子的優秀教師的人身上。隨著孩子年齡的增長，這種本能的重要性在逐漸減弱。但是只有具備它的人，才能夠將擬定教育方案的重任擔當起來。那些覺得教育男子是為了培養喪心病狂的劊子手和炮灰的人，顯然不具備這種博大的父母之情；但是這種人把持了一切文明國家的教育，只有丹麥和中國是個例外。

然而，教育者只是關愛年輕人還遠遠不夠，他一定要對什麼是人類的優點有正確的看法。貓不只是教牠的孩子捉老鼠，還教牠們怎麼樣耍弄老鼠；軍國主義者對待年輕人也是如此。貓愛牠的孩子，但不愛老鼠；軍國主義者可能也愛自己的兒子，但不愛本國敵人的兒子。甚至那些博愛全人類的人，也會由於對美好生活的錯誤觀念而出現錯誤。所以，在進行下一步的討論之前，我先試著談一下，我眼中的男性和女性的優點，暫時並不涉及它們的實際可行性還有教育方法。這樣的論述對我們在後面考慮教育的細節是有幫助的，到那時我們就明白自己所希望的前進方向了。

　　首先，我們一定要做出一個區分：有一些特質，是只對一部分人來說是可取的，而另一些特質，是對所有的人來說都是可取的。我們需要藝術家，但是也需要科學家；我們需要出色的官員，但是也還需要農夫、磨坊主人還有麵包師傅。能讓人在某個方面成為大家的特質，往往不宜人人有之。雪萊（Shelley）如此描述詩人的日常工作：

他從清晨一直到黃昏，
盡望著湖面倒映的陽光將花蕊上黃色的蜜蜂照亮，
不管，也不看，他們是什麼

　　這樣的習慣在詩人身上是值得稱道的，但是在其他人身上，比如郵差身上就不足取了。

　　所以，我們是無法從賦予每個人詩人氣質的角度來建構我們的教育。但是有一些品性是普遍可取的，在這裡，我只談一

下這些品性。

　　我不會在男性優點和女性優點之間做什麼區分。對於那些將要照顧嬰兒的女性而言，進行一定的專門訓練是有利的，但是這方面涉及的男女之別，就和農夫和磨坊主人之間的差異很像。這種差異無關緊要，現在沒有討論的必要。

　　我認為，下面的這四種品性共同構成了理想人格的基礎：活力、勇敢、敏銳還有理智。我的意思並非具備了這些品性就完滿無缺了，但是我覺得它們為我們帶來了一條正途。而且我堅信，只要在身體、情感和智力上給予年輕人適當的照顧，就能夠讓這些特質都變得非常的尋常。我下面將依次討論它們。

　　與其說活力是一種心理特質，還不如說是一種生理特質。血氣方剛時，活力一般都滿滿；隨著年齡的越來越大，難免會活力衰退，及至暮年，活力消磨殆盡。活力在朝氣蓬勃的學齡前兒童身上迅速達到巔峰，接下來就會因為教育而越來越弱。只要有活力，不必碰上什麼樂事，就能夠生趣盎然。它減少痛苦，增加快樂。它容易讓人對所發生的任何事情都產生興趣，由此增進作為心智健全之要素的客觀態度。有這樣一些人，傾向於以自我為中心，而對他們所見所聞的任何身外之事都沒什麼興致。這樣的人真的是非常的不幸，因為這樣的做法導致他們輕則無聊，重則憂鬱；除了極少數例外，還非常容易讓人碌碌無為。活力提升人們對外界的興趣，也讓人們努力工作的勁頭大大提高。再者，活力避免人們陷入嫉妒，因為它讓人以自己的生活為樂。因為人類苦難的一大來源即是嫉妒，因此這也就是活力的一項極為重要的價值。誠然，很多壞特質能夠和

活力並存 —— 例如，一隻惡虎可以是非常強壯有力的。而不少好特質在沒有活力的情況下依然可以存在，比如牛頓和洛克就沒有什麼活力。不過，如果這兩位的體格更好，那麼可能就不會是那種嫉妒、易怒的性格了。牛頓和萊布尼茲（Leibniz）的論戰，對英國數學發展造成的破壞性影響持續了上百年的時間，如果牛頓擁有健康的身體，並能享受常人之樂，這場論戰說不定就不會發生了。因此，即使有其局限性，我還是把活力放在所有人都應該具備的重要特質清單裡面。

我們清單上的第二個特質，即勇敢的形式多種多樣，而且每種形式都非常複雜。無所恐懼和有能力支配恐懼不是同一件事。在恐懼合理時無所恐懼，和在恐懼不合理時無所恐懼也不是同一件事。顯然，沒有不合理的恐懼，和有能力支配恐懼是好的。但是缺乏合理的恐懼算不算好事，就有待商榷了。不過，這個問題待我談論勇敢的別的形式後再談。

在大多數人本能的情感生活中，不合理的恐懼扮演著非常重要的角色。如迫害妄想症、焦慮情結等等它的病態形式，需要由精神科醫生治療。但是一些輕微的形式，其實也經常會在那些被認為精神健全的人身上看到。危險臨近的感覺 —— 更準確的說是「不安」，或者非常害怕蜘蛛、老鼠之類的其實沒有危險的東西，基本屬於非常普遍的現象。在過去許多恐懼常被認為是天性使然，現在大部分的研究者都對這一點表示懷疑。有些恐懼的確源自於本能 —— 比如害怕巨響，但是絕大部分的恐懼，都是由經歷或者聯想所帶來的。比如怕黑，好像就完全是因為聯想。有理由確信，大部分脊椎動物對其天敵的恐懼

感並不是與生俱來的，而是從牠們的前輩那裡來的。如果牠們是由人類養大的，在其種群中常有的恐懼就會消失不見了。然而恐懼是非常容易傳染的，甚至當大人還沒有意識到自己流露出恐懼時，恐懼就已經傳染給小孩了。透過聯想，兒童很快就會仿效保姆或者母親的膽怯。從古到今，男人們都認為總是沒來由的害怕的女性是楚楚動人的，因為這給了他們機會充當護花使者，同時又不用冒什麼真實的危險。但是，這些人的兒子在他們的母親那裡學到了恐懼，不經過後天的訓練是無法恢復勇氣的。如果他們的父親當初沒有貪圖對他們母親的征服感，他們的勇氣原本不會失去。由女性處於依附地位所導致的害處不可勝數，恐懼問題不過是其中一個次要的例證。

　　我現在不討論能夠消減不安和恐懼的方法，我會在後面考慮這個問題。不過我現在要提出這樣一個問題：處理恐懼，我們是滿足於抑制的方法，還是一定要找到某種更為徹底的克服之道？按照傳統，貴族要被訓練得不露懼色，而那些從屬的民族、階級和男女，則被鼓勵要保持住自己的懦弱之舉。測驗勇氣是純粹的行為主義：戰場上不能臨陣脫逃，一定要擅長「具有男人氣概」的運動，面對火災、地震、海難等險境一定要鎮定自若等等。不僅要做到舉措得當，還要做到不能露出容易被人看出害怕的跡象，比如臉色發白、呼吸急促、身體顫抖等等。在我看來，所有這些都非常重要：我希望看到的是，不管什麼民族、什麼階級、什麼性別，都可以培養出勇氣。然而如果採用的方法是壓制性的，那麼和這種方法有關係的那些弊病也就接踵而至。羞愧和恥辱始終是產生表面勇敢的有力武器；

但是事實是，它們不過是引發不同恐懼間的衝突，而被期望在衝突中占據上風的，是對成為眾矢之的的恐懼。「永遠都要說真話，除非受到驚嚇」，這是我小時候學到的一句格言，但是這種例外我並不承認。克服恐懼，不僅要在行為上，還要在情緒上；要克服的不只是有意識情緒中的恐懼，還有無意識情緒中的恐懼。只是在表面上戰勝了恐懼，固然是滿足了貴族的傳統，卻讓恐懼的力量在暗中運作，並產生讓人無法看出是恐懼的後果的且邪惡、扭曲的反應。我指的不是「炮彈休克症」這樣的東西，它和恐懼的關聯是再明顯不過的。我指的其實是統治階級透過壓迫和暴行來維護他們權勢的整個體制。最近在上海，一名英國軍官沒有警告，就下令從背後對著手無寸鐵的中國學生開槍，他和那些臨陣脫逃的士兵一樣，顯然是為恐懼所驅使。但是軍事貴族們沒有聰明到將這樣的行為追溯至心理根源的程度；相反，在他們看來，這是堅毅和良好的情操的表現。

從生理學和心理學的角度來看，恐懼和憤怒是非常相似的情緒：感到憤怒的人並不具有最高意義上的那種勇氣。在鎮壓黑人的反抗、共產主義革命以及別的對貴族制的威脅中，他們一貫展示的殘暴，其實是一種變相的怯懦，理應和以更明顯的形式表現出來的怯懦一樣遭到蔑視。在我看來，這是有可能實現的：普通人透過教育，也能免於恐懼的生活。時至今日，這樣的生活只有少數英雄和聖人實現過；但是他們能做到的，別的人也能做到，只要前者為後者將方向指明。

對於那種不因壓制所構成的勇氣，一定要結合很多種因素才能獲得。

　　從最低級別的因素開始：健康和活力是非常有益處的，儘管並不是不可或缺的。具備應對危險處境的經驗和技巧非常有必要。不過，如果我們考慮的是普遍意義上的勇氣，而不是某方面的勇氣時，就需要有更為根本的東西了。我們所需要的，是自尊和一種無我的人生觀的結合。先討論一下自尊。有一些人遵從自己的內心而活，還有一些人不過只是對旁人的所感所言亦步亦趨而已。

　　後者絕對不可能擁有真正的勇氣：他們無法離開別人的讚許，並因為擔心失去了這種讚許而困擾。曾幾何時，教人「謙虛」被認為是一件好事，但是其實這乃是變相的產生相同弊病的一種方式。「謙虛」將自尊抑制了，但是沒有抑制被他人尊重的欲望；它不過是透過表面上的自輕來沽名釣譽罷了。所以，它會導致偽善和本性的扭曲。孩子被教育要無條件服從，不加任何的思考，等他們長大成人了，又會繼續給予自己的孩子同樣的要求；據說只有學會服從的人，才明白怎樣發號施令。

　　在我看來，無論是誰都不應學習如何服從，無論是誰都不應企圖指揮他人。我當然指的不是說通力合作的事業中不應該存在領導者，我的意思是他們的權威應該和足球隊長的權威類似，是人們為了實現共同的目標而甘心付出的代價。我們的目標，應該完全屬於我們自己，而並非要由外部哪個權威為我們制定；我們的目標同樣也絕對不應該強加給別的人。我所說沒人應該指揮、沒人應該服從，是這樣的意思。

　　最高意義上的勇氣，還要有一樣東西，那就是我前面提到的無我的人生觀。將希望與恐懼全都集中於自身的人，想要平

靜的看待死亡是很難的，因為他的七情六欲會被死亡湮滅。在這裡，我們又一次遇到了宣導簡便易行的抑制之道的傳統：聖人一定要學會棄絕自我，一定要將情慾擯除，要將本能的歡愉拋棄。這固然能夠做到，然而其結果卻非常糟糕。那些禁慾苦行的聖人不僅自己放棄享樂，還讓別人也將享樂放棄，後者相對來說比較容易。隱蔽的嫉妒揮之不去，導致在他看來痛苦是高貴的，所以讓人受苦也是合理的。這樣價值就被徹底的顛倒了：壞的被想成是好的，好的被想成是壞的。透過遵從消極的戒律，而不是透過擴充和發展自然的欲望和本能來追求美好生活，這乃是萬惡的源頭。在人性當中，自有某些東西能夠讓我們輕鬆的超越自我，其中最普通的就是愛，尤其是父母之愛，其在一部分人的身上是如此廣博，以致能夠愛及全人類。還有就是知識。並沒有什麼理由覺得伽利略是特別仁慈的人，但是他為之而活的目的，並不會隨著他的去世而消亡。

　　再者就是藝術。事實上，所有對自己身外之物的興趣，都能夠讓人生在相應程度上變得無我。正是因為如此，雖然看起來好像矛盾，和只關心自己病痛的不幸的憂鬱症患者相比，有著廣泛而鮮活興趣的人在離開人世時的望礙會更少。因此，完美的勇敢通常都是屬於那些興趣廣泛的人，他們透過對眾多非我之物的珍重，而不是透過對自身的輕賤，感悟到自己無非是大千世界中的滄海一粟。如果缺少自由的天性還有活躍的才智，這幾乎沒有發生的可能。兩者的融合滋生出的博大見解，是那些縱欲者和禁欲者所不了解的；按照這種見解，個人生死是微不足道的小事。這類勇敢不是消極的、壓抑本能的，而

是積極的、符合天性的。在我看來，正是這種積極意義上的勇敢，乃是構成完美人格的主要成分之一。

敏銳是我們列出的第三個特質，在某種意義來說，它是對單純的勇敢的一種校正。相對而言，對危險一無所知的人更容易產生勇敢之舉，但是這樣的勇敢，通常都是以愚蠢居多。任何以蒙昧無知或不長記性為基礎的行為方式，都不能讓人滿意：盡量充分的知識還有見識是應當具備的一大要素。但是，認知方面要歸諸理智的範圍，而我這裡講的敏銳，則要歸於情感的名下。按照純理論的定義，如果有很多種刺激都能讓某人產生情感，那麼他在情感上就是敏銳的；但是如此寬泛的來看，這未必是一種可取的特質。只有當情感反應在某種意義上是適當的的情況下，敏銳才是具有積極意義的：單純情感反應的強度並非我們想要的。在我心目中這種特質是這樣的：受眾多事物並且是合適的事物的影響而產生快樂或者痛苦的感覺。合適的事物指的是什麼？我將試著解釋一下。第一階段，是從比如溫暖、食物等帶來的單純感官快樂跨越到由社會認可所賦予的快樂，大部分的兒童在差不多 5 個月大時就開始進入這一階段。這種快樂一旦產生，發展將會特別迅速：任何一個孩子都喜歡表揚，而討厭批評。一般來說，對受人好評的渴望是人們將會保持終生的主要動機之一。就激發善行和遏制貪念來說，它無疑具有很高的價值。如果我們在讚美他人方面更明智一些，它的價值可能會更大。不過，考慮到最受仰慕的英雄是那些殺人如麻之輩的情況，只靠對讚揚的鍾愛來創造美好生活，還遠遠不夠。

發展出敏銳的理想形式的第二階段，是同情。純粹生理層面上的同情是存在的：很小的孩子都會因為他的兄弟姐妹在哭泣而哭泣。在我看來，這為進一步的發展打下了基礎。所需的兩種擴展是：其一，就算和受苦的人沒有特殊情感的關聯，也會把他當作同情的對象。其二，僅憑耳聞，而不用目睹苦難的發生，就可以產生同情。這第二種擴展主要由理智所決定。那些理智程度比較低的人，只會對優秀小說裡那種生動而感人的描繪的苦難產生同情；而另如果理智程度較高，一組統計資料就足可以讓他動情。這種抽象的同情能力十分重要，但是也是十分罕見的。當所愛的人罹患癌症，往往每個人都會悲痛欲絕。如果是在醫院看到素不相識的病人被病痛折磨得苦不堪言，大部分人也會為之動容。然而如果他們讀到了諸如癌症的死亡率資料時，一般只是因為唯恐自己或者親人患上這種疾病而觸發一時的恐懼。戰爭也是一樣：當自己的兒子或兄弟在戰爭中遭到殘害，人們會覺得戰爭是恐懼的；但是他們並不會因為遭到殘害的百萬人，而感到戰爭有百萬倍的恐懼。一個在其所有個人交際中表現得和藹可親的人，卻有可能利用煽動戰爭，或者虐待那些「落後」國家的兒童來為自己謀取利益。一切這些常見的現象都可以歸因於這樣一個事實：大部分人的同情，不會只是被抽象的刺激而激發出來。如果這一點可以獲得糾正，那麼現代社會中的大多數罪惡都能夠消除。科學讓我們對遙遠地區民眾生活的影響力大大提升，但是並沒有同時增強我們對他們的同情心。假設你是上海一家紗廠的股東，可能你是個大忙人，當初進行投資，不過是聽從財務建議而已；無論

是對上海還是棉紗，你都沒有興趣，唯一關心的只有你自己的分紅。即使是這樣，你還是能夠成為導向屠殺無辜民眾的強權的一部分，之所以你有利可圖，是因為有很多幼小的兒童被迫淪為了苦工，在從事著超常而危險的勞動。不過你毫不在意，因為你從來都沒有見過這些孩子，抽象的刺激讓你無動於衷。這就是大規模的工業化為什麼會如此殘酷，對臣服種族的壓迫為什麼被接受的根本原因。透過教育來培養對抽象刺激的敏銳性，就能夠避免這類事情的發生。

實際上，應該納入討論的認知敏銳性和觀察的習慣是一碼事，所以和理智放在一塊考慮是更為自然的。審美敏銳性則提出了一些我現在還不想探討的問題，這樣我將繼續談論我們舉出的第四個特質，也就是理智。

對理智的輕視是傳統道德的一大缺陷。古希臘人在這一方面並沒有犯錯，然而基督教會對人們進行引導，讓他們認為除了美德，一切都不重要，而美德在於戒除一系列被武斷的認定為「罪」的行為。只要這種態度還沒有被徹底根除，就無法讓人們意識到和比人為約定的「美德」相比，理智的價值是更高的。這裡我講的理智，兼指實際擁有的知識和對知識的理解力。實際上，這兩者是密不可分的。

無知的成人是不可教育的，在比如飲食或者衛生這類問題上，他們根本不能相信科學的說法。一個人學得越多，就越容易學得更多，不過有一個前提，那就是他受到的並非貫徹教條主義的教育。無知者從來都不具備改變他們的心理習慣的壓力，他們的態度已經僵硬到了冥頑不化的程度。他們不只是

在應該產生懷疑的地方盲目信從，還在應該相信的地方滿腹疑慮。

的確，理智一詞適合表示獲取知識的能力，而不是已經獲取的知識；不過我覺得這種能力正如鋼琴家和雜技演員的能力一樣，只有透過練習才能獲得。傳授知識的方式裡不包括訓練理智的內容當然是可能的；不但可能，還非常容易，並且人們總在這樣做。然而我不相信不傳授知識就能夠訓練理智，對理智的訓練至少可以讓人們得到知識。如果沒有理智，我們複雜的現代世界就不可能存在，更別說進步。因此，對理智的培養被我視為教育的主要目的之一。這看起來好像平淡無奇，其實不然。教育者們往往因為熱衷於灌輸所謂的正確信念，而忽視了對理智的訓練。要將這一點弄清楚，就有必要更仔細的對理智進行界定，好能夠將它所需的心理習慣找出來。為了達到這個目的，我將會只考慮獲得知識的能力，而不考慮實際累積的知識，即使後者能夠正當的包含在理智的定義之中。

好奇心是理智生活的自然基礎，可以在動物身上看到它的初級形態。

理智要求機敏的好奇心，不過它一定是屬於特定的種類的。誘使鄉鄰間在天黑後，企圖透過窗簾相互窺探的那種好奇心，沒有什麼價值。對流言蜚語的普遍興趣的源頭不是求知欲，而是惡意：沒有誰會對別人隱藏的美德評頭論足，卻只會對他們試圖遮掩的醜事說三道四。所以，流言蜚語大部分都是不真實的，然而人們卻有意的不去澄清。鄰居的醜行就彷彿是一種宗教慰藉，讓人非常的愜意，以致人們都不願意停下來去

深究證據。另一方面，真正的好奇心才是由真正的求知欲所激發出來的。你能夠在一隻貓身上的看到以相當純粹的方式表現出來的這種衝動：貓被帶進一個陌生的房間，會嗅遍每件家具及每個角落。這種衝動你也可以在小孩身上看到，當你將平時鎖著的櫥櫃或抽屜打開給他們看時，他們會非常的興高采烈。動物、雷雨、機器還有各種形式的手工勞動，都可以激發孩子的好奇心，他們對知識的渴求，即使是最具理智的成人也會感到汗顏。這種衝動隨著年齡的增長越來越弱，直到最後，陌生事物只會導致反感，再也不會產生一探究竟的欲望了。到了這時，人們會說國家正在下滑：「我年輕的時候可不是這樣的」。與過去不可同日而語的，其實是說話的人的好奇心。可以想像一下，好奇心一死，活躍的理智也就再也不存在了。

　　但是，雖然在童年之後，好奇心會在強度和廣度上弱化，但是卻能夠在特質上長久不斷的得到增強。相比對特殊事實的好奇心，對普遍命題的好奇心顯示出的理智水準更高，通常來說，普遍性的等級越高，所包含的理智成分也就越多。（不過不應該拘泥於這條規則。）和比如獲取食物相連結的好奇心相比，脫離個體利益的好奇心顯示出的發展程度更高。在陌生的房間裡到處嗅的貓並非一個徹底無私的科學探索者，牠極有可能還是想發現周圍是不是有老鼠。說好奇心在無私的時候是最好的可能不是一個十分準確的說法，所以不如說，當好奇心跟別的利益的關聯不是直接的和顯著的。而只有透過一定程度的理智才能發現到處情況下，這種好奇心就是最積極的。不過我們沒有必要在這個問題上下定論。

好奇心若要獲得成果，一定要和特定的求知技巧結合在一起。一定要具備觀察的習慣、對知識的可能性的信念、耐心還有勤奮。以好奇心還有恰當的理智教育作為基礎，這些東西就能獲得自然而然的發展。但是因為理智生活不過是我們活動的一部分，並且好奇心常常陷入和其他情感的衝突，因此還需要某些理智方面的美德，比如開放的心態這種的。因為習慣和欲望，我們變得對新的真理十分排斥：我們發現，否定自己多年以來深信不疑的東西，還有照顧我們自尊或任何別的重要感受的東西很難。所以，開放的心態應該是教育所要培養的重要特質之一。現在，這還只是在極為有限的範圍內才能實現，就像1925 年 7 月 31 日《先驅日報》的這篇報導所表述的：

受命對布特爾各校任課教師毒害兒童心靈的指控進行調查的特別委員會，已經將他們的調查結果呈遞給了布特爾市議會。這一委員會之前曾認定這些指控屬實，然而議會刪去了「屬實」一詞，指出「這些指控需要進一步的合理調查」。這一委員會有一項提議已經為議會所採納：今後學校聘任的教師，應當負責對學生尊崇上帝和宗教，並尊重本地的行政和宗教機關的習慣進行培養。

可見，無論別的地方情況怎麼樣，在布特爾是談不上開放的心態的。誠盼布特爾市議會盡快派代表團前往美國田納西州達頓鎮取經，以獲得他們計畫實施的最佳方法。不過這可能是多此一舉。從決議的措辭來看，在蒙昧方面，布特爾可能已經用不著別人的指點了。

理智上的誠實和肉體上的英勇一樣，都離不開勇氣。我們

對真實世界的了解要遠少於我們自以為的；自出生的那天開始，我們就在進行不可靠的歸納，並將我們的心理習慣和外在的自然法則混在一起。形形色色的思想體系，如基督教、社會主義、愛國主義等等，就像孤兒院一樣，樂於為人們提供安全，以此來換取對他們的奴役。自由的精神生活是無法像受教條庇護的生活那樣溫暖、安逸和友善的：窗外暴風雪肆虐，能為人提供爐邊暖意的只有教條。

這讓我們遇到了一個比較棘手的問題：好的生活，應該在什麼樣的程度上擺脫集體的束縛？我不太願意用「群集本能」這個詞，因為關於其是否正確，還存在一定的爭議。但無論如何解釋，這個詞所指向的現象我們並不陌生。我們願意與其友好相待的，是那些讓我們感到是同類，並想要與其合作的人 ── 我們的家人、鄰居、朋友、同事、政黨同伴或者國民。這是非常自然的，因為如果沒有合作，我們就不能獲得哪怕一點的生活樂趣。此外，情緒還擁有傳染的特性，特別當很多人在同一時刻感受到某種情緒時。在群情激昂的集會中，能夠做到不動聲色的人很少：即使他們是持反對意見的，他們的異議也會變得十分激烈。對於大部分人來說，只有當他們能夠從某個可以給予他們認可的不同群體的思想中得到支持時，才可能進行這樣的反對。這就是「聖徒相通」的教義能為受宗教迫害的人帶去如此大的慰藉的原因。我們是應該默認這種和集體採取合作的欲望，還是應該透過教育來想辦法削弱它？這兩種做法都有道理。因此正確的答案應該是找到一個合適的比例，而不是單純支持其中的哪一方。

我自己的觀點是，取悅他人，還有和他人合作的欲望應該強烈，而且這是正常的；但在某些重要的情形下，也應該可以被別的欲望所壓倒。取悅他人的願望的必要性，已經在前面討論敏銳的時候說過了。如果沒有這種願望，我們都會變得十分粗野，家庭乃至所有的社會團體都不可能存在。如果小孩缺乏討父母歡心的欲望，教育他們將會十分的困難。情緒的傳染性也是有它的優點的，如果是從智者傳染到愚者的話。然而如果是在驚懼和震怒的情形中，那自然就是有害無益的了。所以，情感的接受性問題絕對不是個簡單的事情。就算是在純粹的理智事務中，這個問題也不明。偉大的發現者需要冒天下之大不韙，並會因為自己的特立獨行而觸犯眾怒。但是凡夫俗子如果固執己見，就會更加的愚不可及：至少在科學這方面是這樣的。他們尊重權威就整體而言是有好處的。

我想，在那些處境和稟賦都不怎麼優越的人的生活裡面，大多數領域都受到能夠籠統的稱為「群集本能」的東西的支配，只有小部分領域沒有受到影響。這小部分領域應該包括可以發揮他專長的領域。有的男人對一個女人十分愛慕，完全是因為大家都讚美她，這樣的人為我們所看不起：我們覺得，一個男人在選擇佳偶時不應該隨波逐流，而是應該依照他自己的獨特感受。在評判一般人時，他對鄰居附和幾句是無所謂的，但是如果墜入了愛河，就應該接受他自己獨特感受的指引。別的方面也適用同樣的道理。關於田地產出多少才能養活自己，一個農夫應該按照他自己的判斷，即使他應該在學習科學農業知識後再下判斷。關於匯率的問題，一個經濟學家應該有自己

獨立的判斷，普通人則還是跟著權威走最好。如果有專長，那就應該有主見。不過人們不應該讓自己變成一隻刺蝟，渾身硬刺，拒人千里之外。我們的日常活動通常都是需要合作的，而合作需要有以本能作為基礎。即使這樣，我們也都應該學會獨立反思那些對我們習焉不察的事情，並有提出不合時宜的觀點的勇氣，只要我們確信這些觀點十分重要。的確，要將這些宏觀的原則運用在具體的事例當中很難。然而如果我們身處的是人們普遍具有本文提的這些美德的世界，那麼就沒有現在這麼難了。這個世界不會有迫害聖徒的現象出現。好人不需要出於義憤而刻意去行善；他的善行將會是遵循內心衝動的結果，還伴隨著本能的快樂。他並不會為人所忌恨，因為鄰居們都不會怕他：先驅者所受的憎恨歸咎於他們激起的恐懼，但是在已經具備了勇氣的人中間不會存在這種恐懼。只有被恐懼主宰的人，才會去加入三 K 黨或者法西斯這類的組織。

　　在充滿了勇敢的人的世界，不會有這樣的害人組織存在，好生活對人的天性的妨礙，也會遠少於現在。美好世界只能由無畏的人來創造，來維持，不過世界越美好，他們就越沒有表現他們勇敢的機會。

　　由教育所能培養出的最高程度的活力、勇敢、敏銳和理智的男女兩性組成的社會，將會和截至目前存在過的社會完全不一樣。不幸福的人極少。現在導致不幸福的主要原因是：不健康、貧窮，還有性生活的不和諧。到了那時，所有的這些都將變得極為罕見。幾乎每個人都身強體壯，甚至還能夠延緩衰老。在工業革命以後，只有集體愚昧才會導致貧窮。敏銳會

將人們消滅貧窮的願望激發出來，理智會為他們將方向指明，而勇敢會敦促他們採取行動。（怯懦的人不願離經叛道，寧可抱殘守缺。）現在，大部分的人都不滿意自己的性生活。這一部分是因為教育不當，一部分則是因為政府的壓迫。只要成長起一代沒有非理性的性恐懼的女性，就可以很快將這種狀況終結。恐懼曾被視為是讓女性「貞潔」的不二法門，因此她們被蓄意教育成了身體孱弱而心理怯懦的人。女性的愛情受到了束縛，這又助長了她們丈夫的粗暴和虛偽，還讓她們孩子的天性被扭曲了。一代無畏的女性能夠將世界改變，因為她們可以帶來一代勇敢的孩子，這些孩子沒有遭到扭曲，沒有成為畸形，而是正直、慷慨、博愛、坦誠的，並且是自由的。他們的熱情將會將我們因自己的懶惰、懦弱、冷漠和愚蠢而承受的殘酷和痛苦一掃而光。我們之所以沾染了這些惡劣的特質，是因為教育，我們要想獲得與其相反的這些美德，也一定要透過教育。教育是將新世界之門打開的鑰匙。

　　關於教育的一般原則就談到這裡，下面開始討論能夠展現我們理想的具體細節。

第三章
出生之年

出生之年過去一般被認為並不在教育的範圍之內。嬰兒至少到會說話之前，甚至更晚，都是由他的母親或者保姆全權照料的，因為在人們看來，她們本能的知道哪些是對孩子有益的。但是實際上是她們並不知道。很多孩子在出生的第一年裡就夭折了，而那些活下來的孩子裡，也有許多健康已經受到了嚴重的損害。不當的護理還為日後糟糕的心理習慣埋下了禍根。所有這些直到最近才被人們注意到。人們總在抱怨科學干涉了育嬰，因為這讓母子相依的動人景象被破壞了。但是，感情用事和舐犢之愛無法並存，關愛自己孩子的父母會希望孩子活下去，即使是一定要運用理智來實現這種目的。我們相應的，發現最容易這般感情用事的，是自己沒有孩子的人，還有像盧梭那種情願將自己的孩子丟給育嬰院的人。受過教育的家長一般都積極了解科學的說法，而沒受過教育的家長也能夠去請教婦產中心。嬰兒的死亡率大大降低，就是這樣的做法的成效展現。有理由相信，只要照顧充分、技術得當，在襁褓裡就夭折的孩子很少。不僅是這樣，存活下來的嬰兒不管是身體還是心理也都會非常健康。

嚴格來說，身體健康的問題並不在本書的討論範圍之內，應該留給那些從事醫學研究的人處理。除非它們在心理學上也具備重要性，否則我不會談到它們。但是在出生之年，生理和心理基本上是渾然一體的。而且看管嬰兒時所犯的純粹生理學上的錯誤，會為後來的教育者帶去麻煩。所以，我們無法徹底避免進入按理說並不屬於我們的領域。

新生兒具備各種反射和本能，但是沒有形成習慣。他們在

娘胎裡形成的任何一種習慣，在新的環境中都無法發揮什麼用處：有時甚至連呼吸都要重新學習，有些孩子之所以夭亡，就是因為學得慢了。只有一種本能，嬰兒是發育完善的，那就是吮吸；嬰兒在吮吸時，不會因為環境是新的而感到不舒服。然而在餘下醒著的時光裡，嬰兒都是在一種恍惚的迷惘裡度過的，想要擺脫這種狀態，辦法就是在 24 小時中的大多數時間裡睡覺。過了兩週，這一切都發生了改變。嬰兒已經透過有規律的重現的經驗學會了期待。他們儼然已經成了保守主義者 —— 可能比以後所有的時候都更加的保守。他們厭惡一切新鮮的事物。如果會說話，他們會這樣說：「你以為我會在有生之年讓我保持終身的習慣做出改變嗎？」嬰兒習慣的形成速度令人咋舌。嬰兒養成的任何一個壞習慣，都會對今後好習慣的養成構成障礙，這就是嬰兒早期最初形成的習慣為什麼如此重要。如果這些最初的習慣是良好的習慣，那麼就不會有無窮的後患。何況從往後的人生來看，很早形成的習慣與本能無異，都是十分根深蒂固的。後來養成的與之對立的新習慣不可能具備一樣的力量，因此，最初的習慣應該為人們所高度重視。

當我們對嬰兒期的習慣養成進行討論時，應該從兩方面予以考慮。最重要的是健康，然後是品格。我們盼著孩子成為那種討人喜歡的人，並可以成功的面對生活。幸虧健康和品格是並行不悖的，對一方有利的，對另一方也有利。即使在本書中，品行是我們所著重關注的，健康也需要一樣的訓練。如此，我們就不用面臨這種兩難的選擇：要麼成為身強力壯的惡棍，要麼成為身體孱弱的聖人。

現在所有受過教育的母親，都懂得比如這樣的事實：定時餵食嬰兒，而不是嬰兒一哭就餵是非常重要的。之所以採取這樣的做法，是因為它對孩子的消化更有好處 —— 這是一個十分充分的理由。不過，從道德教育的角度來看，這種做法也是具有可取的。嬰兒往往比成人設想的要更加刁鑽，如果他們發現啼哭能夠為他們帶來好處，那就會這麼去做。在往後的生活中，當抱怨的習慣讓他們招人討厭而不是惹人喜愛時，他們就會覺得吃驚和憤怒，在他們眼中，世界是冷漠無情的。但是如果她們長大後出落為迷人的佳麗，那麼她們即使是嗔怒，還會討人喜歡，兒時養成的陋習就會得到強化。富人也是一樣。除非人們在嬰兒的時候得到了正確的對待，要不他們在今後的人生中將會視他們的能力程度，而變得越來越牢騷滿腹，或者是貪得無厭。

　　出生之日，也正是必要的道德訓練的開始的時候，因為訓練從這時開始，不會讓期望變成失望。如果從任何一個從這往後推遲的時間開始，就一定會發生逆向習慣的頑抗，並因此激起憎恨。

　　因此，和嬰兒相處得在冷落和疼愛之間尋求一種十分微妙的平衡。只要是維持健康所需要的事情，就一定要做到。如果孩子受了風寒，就應該悉心照顧他，還要確保他乾燥和暖和。然而如果孩子沒有適當的身體原因卻哭鬧不止，我們就任其哭鬧，那麼他不就會變成小皇帝。照顧孩子時不應該過於嬌慣他們：該做的確實一定要做，但是不能過分的表達關愛。無論什麼時候，都不應該將孩子視為比小狗更有趣的可愛寵物。一定

要從最開始就將其視為潛在的成人，予以認真的看待。在成人身上讓人接受不了的習慣，在孩子那裡說不定會頗為討人喜歡。孩子當然是不可能真的具有成人的習慣的，不過我們還是應該避免任何對養成這些習慣有影響的東西。我們特別不應該讓孩子產生一種自負感，在日後的經歷中這種自負感會變成挫敗感，並且不管怎樣都和事實不符。

　　嬰兒教育的困難，主要在於父母怎樣才能實現微妙的平衡。為了避免孩子的健康受到損害，父母需要做到含辛茹苦、無微不至；如果沒有強烈的父母之愛，這些特質是無法達到充分的程度的。但是，這種愛又非常有可能變得不明智。對於那些對子女十分鍾愛的父母而言，孩子是他們的無價之寶。如果不加留意，就會被孩子覺察到這一點，他們會認定自己就是像父母心目裡那樣的重要。

　　但是在今後的人生裡面，社會環境是不可能這樣拿他當寶，這種將自己認定為別人世界之中心的習慣，將會讓他處處碰壁。所以，如果孩子是偶染小病，父母應該等閒視之，泰然處之，不只是出生之年要這樣，以後也應該這樣。在過去的時候，嬰兒是既受束縛，又被溺愛：他們的手腳沒有自由，被穿了過於暖和的衣服，活動大大的受限制，但是大人又十分的疼愛他們，幫他們搖搖籃、為他們哼歌，還將他們抱到膝上搖逗。這是極其錯誤的，因為這能夠使孩子成為嬌生慣養的無法自立的寄生者。對的做法是：鼓勵自主活動，阻止要求他人。別讓孩子看見你為他做了如此多的事，或者吃了如此多的苦。讓孩子盡量品嘗到成功的喜悅，不過他應該憑藉他自己的努力

來實現成功，而非透過對大人們的頤指氣使。在現代教育裡面，我們的目標是把外在的管束降到最低的限度；但是這需要一種內在的自律，而出生之年是所有時候裡最容易養成這種自律的。比如你想讓孩子睡覺，就別來回的搖動搖籃，也別將他抱在懷裡，甚至別待在他能看見的地方。一旦你如此做了一次，孩子就會要求你下次還要這樣做；那麼在短時間內，讓孩子入睡就會變得非常棘手。將孩子打理得暖和、乾燥、舒服，然後就果斷的將他放下，柔聲低語說上幾句後，就把他單獨留下。他可能會哭上幾分鐘，然而只要沒有生病，他的哭泣很快就會停下來。過了一會你再去看，就會發現他已經睡熟了。和撫觸與遷就相比，這種做法可以讓孩子睡得時間更長。

就像之前所說的，新生兒是不存在習慣的，他們只有反射和本能。這意味著他的世界並非由「對象」構成。反覆出現的經驗，乃是認知的必要條件，同時認知又是「對象」概念產生的必要條件。新生兒很快就可以熟悉了嬰兒床的觸覺、母親的乳房（或者是奶瓶）的觸覺和氣味，還有母親或者保姆的聲音。但是，能分辨母親或嬰兒床的視覺外觀要稍晚一些，因為新生兒不清楚怎樣集中視力，好能夠認清形狀。而只有透過由聯想所形成的習慣，視覺、聽覺、嗅覺還有觸覺才能夠漸漸匯聚，合成一般的對象觀念，這種觀念只要出現了，就會導向期待它的再次出現。就算到了這時，新生兒暫時還是不能感覺到人和物品之間的差別；所吃的奶一半是由母親哺乳的，一半是用奶瓶餵的嬰兒，在一段時間內對母親和奶瓶是一樣的感覺。在這整個期間內，教育一定要採取純粹的物質手段。嬰兒的快

樂是物質上的 —— 大部分是食物和溫暖，同時痛苦也是物質上的。行為習慣是透過尋求和快樂有關係的東西，還有避開和痛苦有關係的東西而產生的。有的時候，孩子的哭泣是對遭受的痛苦的一種反應，有的時候，則是追尋快樂時的一種舉動。誠然，一開始僅限於前者。但是因為孩子可能遭受的任何真正的痛苦一定會被盡可能的消除，哭泣最終一定會和快樂的結果連結在一起。所以，孩子很快就開始因為想要得到快樂而啼哭，而不是因為身體感到不適，這是他最開始的理智成就之一。但是無論他如何努力，也是無法發出他的確痛苦時的那種哭聲。母親只要細聽一下，就能發現差別，而如果她是一位明智的母親，就應該將這種並非表達身體痛苦的哭聲忽略。透過哼歌給他聽，或者把嬰兒抱到膝上搖逗來哄孩子，固然是簡單又愜意的，但是孩子對這些娛樂的要求會越來越多，而且速度驚人，這樣很快會影響到必要的睡眠 —— 除了吃東西，睡眠本來應該占去他一天裡差不多所有的時間。若干這類的告誡顯得有些不中聽，不過經驗顯示，它們對孩子的健康與幸福是有利的。

　　但是，即使成人應該將所提供的娛樂保持在一定的限度，嬰兒的自娛活動，卻應該持有盡量鼓勵的態度。從最初嬰兒就應該擁有踢腿等活動肌肉的機會。我們的先人為什麼會如此長久的堅持使用襁褓，這一點真的是不可思議；這一點表示，就算是父母之愛，也敵不過懶惰，因為手腳自由的嬰兒需要的照顧更多。孩子一旦可以集中視力，看見活動的物體，特別是飄蕩在風裡的東西就會讓他感到快樂。孩子可以有的娛樂活

動很少，直到他學會怎樣抓住看見的東西。快樂到那時就一下子大為增加了。在一段時間內，如果沒有睡覺，練習抓東西就足以保證他擁有很多的樂趣。對聲響的興致也產生於這一時期。對手指和腳趾的控制則要稍稍早一些。一開始腳趾的活動是純粹反射性的；而後嬰兒發現，它們是能夠隨意活動的。這帶來的快樂甚至可以和帝國對外邦的征服相提並論：腳趾再也不是陌生的身體部位，而是自我的一部分。從這以後，只要在孩子能夠搆到的範圍內有合適的物品，他就可以有很多的娛樂活動。孩子的大部分娛樂活動恰恰是對他的教育所必不可少的 —— 當然，有一個前提是別讓他跌倒、將別針吞下或者做別的會傷害他自己的事。

除了享受食物的時候，對嬰兒來說，出生的前 3 個月整體來說是比較沉悶的。他舒服的時候就是在睡覺，而他醒著的時候一般都是有一些不舒服的。人類的快樂由心理能力決定，不過不到 3 個月大的嬰兒是沒有經驗和肌肉控制力的，以至於這些能力無從展現。動物寶寶享受生活要早得多，因為牠們對經驗的依靠較少，更多的是依靠本能；但是嬰兒能夠依靠本能做的事太少了，提供不了什麼愉悅和樂趣。整體來說，這前 3 個月是相當的無聊的。但是，對於擁有充足睡眠來說，乏味倒是必不可少的；如果總逗孩子玩，他就會出現睡眠的不足。

在差不多 2 到 3 個月大的時候，孩子學會了笑，並且對人產生了和對物品不一樣的感情。也是在這個時期，母親和孩子之間的社會關係開始成為可能：當看到母親，孩子可以而且確實表現出高興，並出現了並非只是動物性的反應。

　　對表揚和認可的欲望很快滋長起來；我的兒子在 5 個月大的時候，第一次真切的流露出了這種欲望，當他經過幾番嘗試後，終於成功的拿起了桌上的一個有點沉的鈴鐺，並搖響了它，他環顧周圍的每一個人，自豪的笑著。從這時候開始，教育者就有了一件新武器：表揚還有責備。在整個童年時期，這件武器都非常有威力，但使用它一定要非常的謹慎。在出生的第一年裡，不應該進行任何責備，在第一年以後也應該盡可能的少責備。表揚的危害要相對少一點。不過也不能輕易的表揚，以免表揚失去了它的價值，也不應該過分的表揚孩子。當孩子第一次學會了走路、第一次說出能夠理解的詞語，父母再能沉得住氣，也會情不自禁的誇讚孩子。通常，當孩子透過自己不懈的努力，終於克服了困難，表揚就是給予他們的恰當的獎勵。此外，讓孩子感到你對他的學習願望是支持的，也是非常有益處的。

　　不過整體而言，嬰兒的求知欲是這樣的強烈，父母只需要為他提供學習機會就可以了。為孩子提供一個發展的機會，剩下的都由他靠自己的努力來實現。教孩子爬、走，或者學習任何別的肌肉控制的基本方法是沒有必要的。誠然，我們透過和孩子說話來教他學習說話，然而對刻意的教說話能有什麼效果我是持懷疑態度的。孩子擁有他們獨特的學習節奏，試圖強迫他們是不對的。在整個人生歷程裡面，經過一開始的困難之後體驗到了成功的感受，乃是努力的一大動力。困難千萬不能大到讓人感到氣餒，也不能小到不能產生催人奮進的作用。從人的出生到死亡，這是一條基本的規律。學有所獲，憑藉的是

躬身實踐。大人能做的，是為孩子示範某個想要完成的簡單動作，比如搖晃波浪鼓，然後讓孩子自己弄明白該如何去做。別人的所作所為無非是對進取心的一種刺激，它自身絕對不是一種教育。

在幼兒期，規律和慣例是特別重要的，尤其是在出生之年。一開始就應該養成對睡眠、飲食和排泄的定時習慣。此外，熟悉環境在心理上也非常重要。它讓孩子學會了識別東西，避免過度緊張，並可以產生安全感。我有時候在想，對於自然統一性的信念 —— 據說這是科學研究的一項公設，完全來自於對安全的渴望。我們可以應對預料之中的事，不過自然規律突然發生了改變，我們就會滅亡。弱小嬰兒而需要安撫，如果所有的看起來都是按照不變的法則而發生，所以能夠預測，那麼他會更加快樂。對冒險的喜愛在童年後期出現，不過在出生之年，一切不尋常的事都會引起恐慌。盡你所能的別讓孩子害怕。如果孩子生了病，你非常擔心，就要小心翼翼的，將你的不安掩蓋住，以免透過暗示傳染給他。別做任何可能導致刺激的事。如果孩子出現了不按時睡覺、吃飯或排泄的現象，不要讓他感覺到你的在意，否則就會助長他的自負心理。不光是要在出生之年這樣做，隨後的幾年更要這樣做。

絕對不能讓孩子覺得某種必須的日常行為 —— 比如本來應該成為一樁樂事的吃飯，乃是你所期望的東西，你是為了讓自己高興，才要他這麼做的。否則孩子馬上就會意識到自己掌握了新的權力來源。於是即使是一些本來應該自然而然完成的行為，他也會希望被人哄著去做，要不就不做。千萬不要以為

孩子沒有足夠的才智來做出這樣的舉動。他的知識有限，體力單薄，但是在這些限制並沒有起作用的地方，他擁有的智力絕對不比成人差。孩子在出生頭 12 個月裡學到的東西，要多於以後任何一段同樣長的時間。如果沒有極為活躍的智力，這是不可能做到的。

　　簡而言之，就算是剛剛出生的嬰兒，也要將其視為一個在世界占據一席之地的人來尊重。不能為了貪圖一時便利，或者是照料孩子的樂趣，而將他的未來犧牲，這兩者都是非常有害的。這裡和別的地方一樣，為了不偏離正軌，一定要將愛心和知識結合在一起。

第四章
遊戲與想像

不管是人類的幼兒，還是動物寶寶，都有一個顯著的特徵，那就是喜歡玩耍。對兒童而言，這種愛好是無法和假扮所帶來的無窮樂趣分開的。在童年，玩耍和假扮是必不可少的需求，一定要為給孩子提供機會進行這些活動。這樣他們才能才能獲得快樂，才能健康成長；更何況這些活動還有其他的好處。在這方面，有兩個和教育相關的問題：首先，關於提供機會，家長還有學校應該為孩子做些什麼？其次，為了提升遊戲在教育上的作用，他們還應該做哪些事情？

　　讓我們先來對遊戲心理學說幾句。對此格魯斯（Karl Groos）的論述已經足夠詳盡，比較簡短的討論，可以在上一章我提起的威廉·斯特恩（William Stern）那本書裡找到。這件事涉及兩個不一樣的問題：其一，是什麼樣的衝動導致了遊戲。其二，遊戲有哪些生物學的功用。第二個問題回答起來比較容易。一種已經獲得廣泛接受的理論認為，不管是什麼物種，牠們的寶寶都是在遊戲中預演和練習牠們將來要認真從事的那些活動，這樣的理論好像是毋庸置疑的。小狗的遊戲跟大狗打架，除了沒有真的相互撕咬，其餘是完全一樣的。小貓的遊戲和大貓對待老鼠的行為類似。兒童喜歡對一切他們所見到的工作，譬如建造或挖掘進行模仿；在他們眼中越重要的工作，他們就越喜歡模仿。他們還喜歡一切能帶給他們新的肌肉能力的事情，比如攀登、跳躍或者沿著狹窄的木板行走 —— 只要這些活動不是特別的難。雖然這種理論大體上將遊戲衝動的功用說清楚了，但是它絕對沒有將這種衝動的所有表現形式涵蓋進來，也絕不能視為給出了一種心理學分析。

有一部分精神分析學家試圖在兒童遊戲中看出性的象徵，我確定這根本就是無稽之談。童年的本能衝動主要並非性欲，而是成為大人的欲望；或者更準確的說，是權力意志。兒童和大人相比，深感自己的弱小，所以迫切希望自己變得和他們勢均力敵。我還記得當我兒子得知他總有一天會長大成人，而我也曾是一個像他一樣的小孩時，他欣喜若狂；由此可見，一旦意識到成功的可能性，努力就得到了激發。正如模仿行為所表現的，從很小的時候開始。孩子就希望自己可以做大人能做的事。哥哥和姐姐對孩子很有裨益，因為他們的目標很容易理解，並且他們的能力並沒有像成人那樣遙不可及。兒童有著非常強烈的自卑感，如果他們一切正常並且獲得了恰當的教育，那麼自卑感就能夠激發努力；如果他們受到了壓抑，自卑感就也許會成為煩惱之源。

我們在遊戲中有兩種權力意志：一種透過學習做事表現出來，一種透過想像表現出來。和受挫的成人有可能沉湎於具有性意味的幻想中類似，正常的兒童也會對那些具有權力意味的假扮痴迷。他們願意裝成獅子、巨人或者火車；他們希望這樣的假扮可以引起別人的恐懼。我在為兒子講述《消滅巨人的傑克》的故事時，我設法讓他將自己和傑克等同起來，他卻拒絕了我，而是堅定的選擇當巨人。在他母親向他講述《藍鬍子》的故事時，他還是堅持要當藍鬍子，並覺得藍鬍子的妻子因為反抗而遭到了懲罰是罪有應得。他的遊戲裡還出現過血腥的情節，比如將女人砍頭。佛洛伊德主義者會認為這是性虐待傾向，然而他在裝扮成吃小孩的巨人或者可以拉動重物的機車

時，也是同樣的興致盎然。這些假扮中的共同因素並非性，而是權力。有一天我們散步回來，我顯然是開玩笑的和他說，也許有一位蒂德利溫克斯先生占了我們的房子，他可能不讓我們進屋。

從那以後的很長一段時間裡，他都會裝作蒂德利溫克斯先生站在門口，命令我去別的人家。這個遊戲讓他樂此不疲，顯然，大權在握的感覺讓他心滿意足。

不過如果就此覺得權力意志是兒童遊戲的唯一泉源，那就過於簡單化了。他們也喜歡假裝恐懼這可能是因為，明知是假象可以提高他們的安全感。有的時候我假扮成鱷魚，要把我的兒子吃掉，他的尖叫聲是如此真切，以致我真的停了下來，以為我真的嚇到了他；然而我一停下來他就會說：「爸爸你再假扮一次鱷魚。」假扮的樂趣有很多根本就是表演的快樂 —— 和成年人喜歡小說和戲劇是一樣的。我想，所有這些活動裡面都包含好奇的成分：透過扮熊，孩子覺得他彷彿了解了熊。在我看來，兒童生命中的每一種強烈衝動都透過遊戲反映了出來：權力因素只有在兒童的欲望中占據了支配的地位時，才會相應的在其遊戲中占據了支配地位。

提起遊戲的教育價值，對那種目的在於學習新技能的遊戲，任何人都會交口稱讚，但對那種假扮類的遊戲，有不少現代人則會投以懷疑的目光。在成年人的生活裡面，幻想被認為是或多或少有一點病態的，是用來取代現實領域中的努力。兒童的假扮被落在幻想頭上的壞名聲給殃及了，在我看來，這是極為錯誤的。蒙特梭利學校的教師討厭孩子把他們的教具當成

輪船或者火車之類的東西：這被他們稱為「混亂的想像」。他們相當正確，因為孩子們並不是真的在做遊戲，即使在孩子們眼中，可能和遊戲沒什麼兩樣。教具供孩子娛樂，然而它的目的是教導；娛樂不過是一種教導的方法。但是在真正的遊戲裡面，娛樂就是首要的目的。如果將反對「混亂的想像」的做法帶到真正的遊戲當中，那麼我認為這就離譜了。反對向孩子講述巨人、仙子、女巫還有魔毯等等故事也是一樣的離譜。跟對別的他種類的禁欲主義者一樣，對真理上的禁欲主義者，我也是無法表示苟同的。人們經常說小孩無法將假象和真實區分開來，然而我不覺得有什麼理由可以讓我相信這一點。我們相信哈姆雷特並不是確有其人，不過在我們欣賞這齣戲劇時，如果有一個人在我們耳邊喋喋不休的提醒我們注意這一事實，那我們一定會非常的惱怒。不分青紅皂白的提示事實也同樣會讓孩子感到掃興，他們絕對不會為自己的想像所蒙蔽。

真實是重要的，想像同樣也是重要的；然而不管在個體的歷史還是人類的歷史中，想像都是出現得更早一些。只要物質需求獲得了滿足，孩子就會覺得遊戲遠比現實有趣。在遊戲裡他是國王，確實，他統治自己疆土的權力，塵世間任何帝王的權力都望塵莫及。而在現實中他卻不得不按時就寢，還要服從眾多的煩人戒律。如果哪個不怎麼識趣的大人貿然闖入他調度好的場景，就會激怒他。當他建造了一道即使是最龐大的巨人也不能逾越的高牆，你卻漫不經心的一步跨了過去，他就會像羅穆盧斯（Romulus）對瑞摩斯（Remus）那樣怒髮衝冠。既然孩子比別的人弱小乃是正常的，而不是病態的，那麼他透過幻

想來彌補，就同樣也是正常的，而不是病態的。遊戲不會占去他從事別的可能更好的活動的時間，如果他的一切時間都用在了做正經事上，那麼他的精神將會很快的垮掉。我們也許能夠讓一個耽於夢想的成年人為了實現夢想而不斷的努力，然而孩子還不具備實現他本就有權擁有的夢想的能力。他不會將他的想像當作現實的永久替代品，而恰恰相反，他熱切的希望一旦有了時機，就讓想像變成現實。

把真實與事實混為一談，是一種十分危險的錯誤。我們的生活除了受事實的左右，也在為希望所引導；那種只關注事實，而不顧別的東西的真實性，可以說是人類精神的牢籠。只有在夢想被用來逃避和取代改變現實的努力的情況下，才應該被指責；當夢想是一種動力時，它們就是在實現作為人類理想化身的重要目標。扼殺童年時代的想像，簡直和讓孩子淪為現實的奴隸，就像牢牢拴在地上的牲畜沒什麼兩樣，所以想創造出天堂是不可能的。

你可能會說，這固然是千真萬確的，不過這和吃小孩的巨人，或者砍了妻子的頭的藍鬍子又有什麼關係？這些東西難道會出現在你的天堂裡嗎？想像不是一定要經過淨化和昇華，才能為任何美好的目標服務的嗎？身為一個和平主義者，你怎麼能讓你那天真無邪的兒子對這些草菅人命的念頭樂在其中呢？你怎樣證明一種源自人類一定要摒棄的野蠻天性的快感乃是正當的呢？

想必讀者會產生這樣的疑問。茲事體大，我將試著解釋一下我持一種不同的觀點的原因。

　　教育在於培養而非壓抑本能。人類的本能是非常模糊的，能夠用很多種方法來進行滿足。對於大多數的本能來說，要想滿足它們是需要某種技能的。板球和棒球能夠滿足的是同一種本能，不過孩子只會玩他學過的那種。由此和品性方面有關的教育的祕密是，為人提供能夠引導他將其本能進行有益的發揮的那類技能。在孩提時代，權力的本能透過當「藍鬍子」的方式獲得原始的滿足，不過在以後的人生中，是能夠發現更高雅的滿足方式的，比如探索科學、藝術創作、造就和培養優秀的孩子以及其他無數有益的活動，都是可以的。如果一個人只知道怎樣打仗，那麼他的權力意志就會讓他以戰爭為樂。然而如果他擁有了別的種類的技能，就能夠透過別的方式來獲得滿足感。但是如果在他還是孩子時，他的權力意志就被扼殺在萌芽狀態，他就會變得萎靡懶散，既沒有什麼善舉，也沒有什麼惡行；他將成為那種「上帝和上帝的敵人都討厭的人」。世界用不著這種濫好人，我們也不應該費力將孩子培養成這樣的人。當孩子年幼而不怎麼會傷及別人時，他們想像自己過著遠古時代野蠻祖先的那種生活，在生物學上這是非常自然的。只要你能為他們提供獲得更高雅的滿足所需的知識和技能，就用不著擔心他們會在這個水準上裹足不前。我小時候喜歡翻跟頭，現在的我再也不翻跟頭了，但是我並不覺得這樣做有什麼壞處。同樣，喜歡當藍鬍子的孩子將會將這種愛好丟棄，學習用別的方式來尋求權力。如果在童年時期，他的想像力可以透過適合那個階段的刺激而保持活躍，那麼以後當它可以用符合成年人的方式運用時，就會有極大的繼續保持活躍的可能性了。在道

德觀念不能引起回應，並且還不用它們約束行為的年齡階段，強行灌輸道德觀念是徒勞無功的。這種做法只會導致一個結果，那就是厭煩，還有到了這些道德觀念能夠發揮效用的年齡階段後，卻對它們無動於衷。

　　兒童心理學研究對於教育所具有的極端重要性，由此可見一斑。

　　和兒童早期的遊戲相比，後來的遊戲的不一樣的地方在於它們的競爭性越來越強。一開始孩子是獨自玩耍的，嬰兒想加入哥哥姐姐們的遊戲是很難的。不過，一起玩耍要遠比獨自玩耍快樂，所以一旦前者成為可能，那麼後者立刻就索然無味了。英國上層階級的教育始終將學校裡的遊戲賦予了極大的道德意義，我認為英國人的這種傳統觀念是有一點誇大其辭的，即使我承認遊戲具有一定的重要價值。遊戲對於健康是有好處的，只要不是太過專門；如果一味注重特殊的技巧，最好的玩家們就會爭相炫技，別的人就只能退後成了看客。遊戲讓孩子們學會以精疲力竭為樂事，以忍受傷痛為常事。不過人們通常說的遊戲的別的好處，我覺得大部分都是子虛烏有的。據說遊戲能夠教人學會合作，然而事實上遊戲只是教人用競爭的形式進行合作。戰爭需要這種形式的合作，而工業生產或者正常的社會關係卻不需要。不管是在經濟還是國際政治上，科學已經在技術上讓合作將競爭取而代之成為可能；與此同時，科學也使（戰爭形式的）競爭的危險性比過去更高了。因此，培養人們追求以自然界為「敵人」的合作性事業，而不是熱衷人類間的成王敗寇的競爭性事業，就顯得尤為重要了。

　　這一看法我不想過多的強調，因為競爭是人性使然，一定要有表現的機會，但是除了遊戲和體育比賽，無害的競爭就很少了。這是一個不能將遊戲取消的有效理由，不過不是將遊戲奉為學校課程的重頭戲的有效理由。讓孩子們玩耍是因為他們喜歡玩耍，而非因為當權者覺得遊戲能夠將日本人所稱的「危險思想」消除。

　　上一章我討論了很多對克服恐懼和培養勇氣的重要性，但是勇敢絕對不能和蠻橫混為一談。蠻橫是透過把自己的意志強加給他人，以此為樂。勇敢則不一樣，是把個人的安危置之度外。如果有這樣的機會，我要教孩子們從高處跳水，在驚濤駭浪中駕駛小船，駕駛汽車甚至飛機。我要像奧多的桑德森（Frederick William Sanderson）那樣，教孩子們製造機器，並在科學實驗裡面探索。我會盡可能的以無生命的自然界作為遊戲中的對手，在這種競賽裡面，權力意志也能像在跟別的人的競爭中那樣，獲得滿足感。透過這種方式得到的技能，要好於板球或足球技，由此發展出的品性，也是更加符合社會道德的。

　　這裡拋開道德特質不談，對體育的崇尚，意味著對理智的輕視。因為愚昧，因為當權者的不重視或促進理智，大不列顛正在將其工業地位一點點喪失，也許還把帝國的頭銜丟掉。這些，體育運動至上的狂熱信念實在難脫干係。當然還有更深層的原因，那就是相信年輕人的體育成績能夠檢驗其價值，這表示我們普遍不明白要用知識和思想來駕馭複雜的現代世界。關於這個問題，我在後面還會談到，這裡就不再多說了。

　　學校裡的遊戲還有一個常常受人稱道，但是在我看來大體

上不好的方面，我指的是它們可以有效的增進團結。團結是當權者所好的，因為團結讓他們可以從壞的動機出發，從事那些被認定為是好事的活動。如果要人們付出努力，透過鼓動超越別的某個團體的欲望來激發努力就很容易了。比較難的，是無法為非競爭性的努力找到動機。競爭性動機對我們一切活動的滲透之深著實令人吃驚。如果你想說服某市提高對兒童護理的公共供給，就得指出相鄰某市有著更低的嬰兒死亡率。如果你想說服某廠商接受一種明顯更加先進的新工藝，那就一定要強調一下競爭的危險。如果你想說服陸軍部，說高階指揮官有掌握一些軍事知識的必要 —— 不，這是辦不到的，即使抬出來戰敗的恐懼也是無法說服的，因為軍隊中的「紳士」傳統是如此的強大。促使人們為了建設本身而建設，或者讓人們在即使不會有人受損的情況下也能積極高效的工作，這方面暫時還沒有什麼可行的舉措。和學校裡的遊戲相比，我們的經濟體制和這一點的關聯更加密切。現在學校裡的遊戲表現的是競爭精神。如果要用合作精神取而代之，就必須要改變學校裡的遊戲。不過展開這個話題，會讓我們離題太遠。我考慮的並非如何建設美好的國家，而是在國家的目前的情況下，盡可能的培養美好的個人。個人的改善和社會的改善應該齊頭並進，不過在教育問題上，我更關注個人。

第五章
建設

在考察遊戲時已經順帶的提過本章的主題，現在專門來討論它。

我們已經清楚，兒童的本能欲望是模糊的；教育和機緣能夠讓它們轉入諸多不同的軌道。不管是舊時的原罪觀，還是盧梭的性善論，都是和事實相違的。天生的潛質在道德上是中性的，在環境的影響下，既可以成為善，也可以成為惡。對這樣的情況，我們有理由保持一種清醒的樂觀，除了病態的情形以外，大部分人的天性一開始都可以發展為良善的形態；只要在剛出生的頭幾年做好心理還有生理衛生保健，病態的情形能夠變得少之又少。

適當的教育能夠讓順乎本性的生活成為可能，不過這種本性是經過訓練和修養的，而不是純粹天賦的未成形的原始衝動。可以有效的塑造本能的是技能，即只提供特定滿足感的技能。一個掌握了正確的技能的人就會變得高尚；獲得錯誤的技能或者毫無一技之長，就會變得卑劣。

這些一般性的說法對權力意志來說特別合適。我們都希望有所成就，不過就權力欲來說，成就的是什麼我們並不介意。泛泛的說，成就越難以實現，就越能夠帶給我們喜悅。人們喜歡使用飛蠅釣法，因為它難度頗大；孵卵之鳥人們是不屑射擊的，因為這易如反掌。我舉這些做為例子，是因為人們單純的將其作為娛樂活動，沒有其他的動機。不過同樣的原理是能夠普遍適用的。掌握了歐氏幾何，我就不再喜歡算術；掌握了解析幾何，我就不再喜歡歐氏幾何了，其餘也是以此類推。一開始可以讓孩子感到開心的是行走，接著是奔跑，然後是攀爬和

跳躍。已經駕輕就熟的事不會再讓我們感受到權力感；只有剛剛掌握的技能，或者是拿不定的技能，才可以讓我們感受到成功的喜悅。這就是無論學習什麼類型的技能，權力意志總能不斷適應的原因所在。

　　建設和破壞都能夠滿足權力意志，不過一般來說建設更難。所以人們在這方面獲得成功時，滿足感也是更強的。我沒準備對建設和破壞進行嚴格精確的定義；在我看來，大體來說，當某一系統是我們的興趣所在，增強這一系統的潛能即建設，而削弱這系統的潛能即破壞。或者換一種心理學意味更濃的說法：建設即產出預想的結構；破壞是釋放自然力去讓現存的結構得到改變，同時對得到的新結構沒有任何興趣。無論如何看待這些定義，我們實際上都清楚某種活動該被認定為建設還是破壞，除了在極少數的情形下，有人宣稱破壞是要為了重建，而我們又無法摸清他的虛實。

　　因為破壞往往更容易，所以兒童的遊戲往往從破壞開始，然後才會過渡到建設階段。在沙灘上，孩子喜歡讓大人用水桶造出一處像布丁似的的沙堆，然後再把它們鏟平。但是一旦他可以自己造出這樣的沙堆，就會對此樂此不疲，並且不讓別人把它們毀掉。在孩子剛接觸積木時，他喜歡把哥哥或姐姐搭成的積木塔推倒。但是他自己學會了搭積木後，就會對自己的作品表現得驕傲無比，從而再也不能容忍看見他的建築成就被夷為一堆廢墟。讓孩子喜愛遊戲的那種衝動，在這前後兩個階段並沒有什麼區別，但是這種衝動所產生的活動卻因為新的技能而發生了變化。

很多美德就是用對建設的快樂體驗作為開端。當孩子懇求你，把他建造的東西保留下來，你就容易讓他明白他也不應毀壞別人建造的東西的道理。利用這樣的方式，你就可以讓他學會尊重工作成果，這是私有財產唯一對社會無害的來源。你也要鼓勵他們保持耐心、堅持不懈，還要注意觀察；如果缺乏這些特質，他想把積木塔搭到他一心嚮往的高度是很難的。在和孩子一起玩時，你只要做到能夠激起他們的進取心，並且清楚示範事情的做法就可以了；剩下的建設，應該留給孩子們自己去努力完成。

　　如果孩子來到了花園，那麼這正好是教給他一種更複雜的建設形式的機會。孩子剛進入花園時，會情不自禁的折下每朵動人的花兒。透過禁令來制止這種行為固然不難，然而只是禁止還不足以構成教育。成人不會隨意採摘，是出於對花園的愛護，而我們希望孩子也會擁有這種愛護之心。成人愛護花園，是因為他們清楚為了得到眼前怡人的景象，付出了多少勞動和心血。在孩子 3 歲時，可以將花園的一角劃給他，鼓勵他自己在裡面撒籽播種。待到種子破土而出並開花，他會感覺自己栽出的鮮花美好而珍貴；這樣他就能懂得了，母親種植的花朵一樣也應該得到他的悉心呵護。

　　要想杜絕不自知的殘忍，最容易奏效的辦法是培養建設和護生的興趣。幾乎所有的孩子到了一定年齡，都會產生打死蒼蠅和別的昆蟲的念頭，這種念頭會發展為對動物乃至人的殺心。在英國上層階級的普通家庭當中，擊殺禽鳥是一件大可標榜之事，在戰爭中殺人則被當作最崇高的天職。這種態度是

和未經教化的本能相吻合的：沒有任何建設性的技能，所以權力意志沒有得到良性展現的人就會形成這樣的態度。他們可以殺死雉雞，可以欺凌自己的佃戶；一旦時機來臨，他們也可以射殺犀牛，可以射殺德國人。然而他們根本不具備更為有益的技藝，因為在他們的父母和教師看來，讓他們成為英國紳士就可以了。我不認為這些人天生就比其他的孩子愚笨。他們後來人生中的缺陷，完全是糟糕的教育的結果。如果從小就對他們進行引導，讓他們懷著愛意對生命的歷程進行觀察，從而體會到生命的價值；如果他們掌握了各種建設性技能；如果讓他們明白殫精竭慮、慢慢熬出來的成果，可以輕而易舉的就毀於一旦，從而心存敬畏 —— 如果他們早年的道德教育中有了這些內容，他們就不至於肆無忌憚的對別人如此這般創造或愛護的東西進行破壞了。在成年人的生活中，只要充分喚起了本能，在這方面最能給人教益的，是親子關係。不過這種關係很少出現在富人的身上，因為他們都僱用專業人士照看自己的孩子；因此，在他們成為父母之前，我們就得著手消除他們的破壞性傾向。

　　只要是僱用過無知女傭的作家都清楚，她們非常願意用作家的手稿生火，而且難以阻止這種做法（大眾可能也希望是無法阻止）。作家的同行 —— 就算他是妒火中燒的仇敵，也不會考慮做這樣的事，因為經驗讓他了解手稿的價值。類似的，自己家裡有花園的孩子不會踩踏別人的花圃，孩子自己養寵物可以教他尊重動物的生命。任何一個為自己孩子操勞過的人，大概都知道尊重人的生命。正是為孩子付出的辛勞產生了強烈

的父母之愛；那些逃避這種辛勞的人，他做父母的本能多少會有一些退化，留下來不過是一種責任感罷了。自身的建設性衝動獲得了充分發展的父母，則為自己孩子操勞的可能性更高；因此，也特別值得對教育的這一方面留心。

我所說的建設性，並不是只想著物質建設。一些活動，比如表演、合唱之類的需要合作性的非物質建設，這一類活動吸引了為數眾多兒童和年輕人，而且應該予以鼓勵（雖然不應該強迫）。甚至即使在純粹理智的事務中，也可能存在建設和破壞之分。傳統教育差不多徹底是批判性的，孩子要學會避免犯錯誤，並鄙視那些犯了錯誤的人。這通常會導致一種冷酷的正確，創造被對權威的尊崇取代。正確的拉丁文只要確立了，就是永遠正確的，那就是維吉爾（Publius Vergilius Maro）和西塞羅（Marcus Tullius Cicero）所使用的拉丁文。正確的科學則持續的更新，並且那些具備才能的年輕人能夠期待自己在這個過程中有所作為。這樣，和學習古典語言所產生的態度相比，科學教育所產生的態度大概更有建設性。只要是以避免犯錯為宗旨，教育就很容易培養出一類理智上冷血的人。運用知識大膽求索，應該將這樣的希望寄託在一個具備能力的年輕人身上。人們通常以為高等教育傳授的東西和規矩差不多，也就是不過是一些否定性的準則。遵守它們，就能夠不出現失禮。建設性在這樣的教育裡遭到了遺忘。或許正如所料，這樣培養出的那類人一般都謹小慎微、因循守舊，還會斤斤計較。要避免發生這樣的事，就應該以積極的成就作為教育的目的。

在後期的教育中，應該將社會化的建設激發出來。我是指

應該鼓勵那些有足夠才智的人，合理的運用他們的想像力，來思考怎樣更加有效的利用現存的社會力量或創造新的社會力量。很多人都讀過柏拉圖的《理想國》，然而他們沒有在任何點上將它連結上現行的政治。在我指出 1920 年的俄國所擁有的理想，差不多就是《理想國》的翻版時，對此更加震驚的到底是柏拉圖主義者還是布爾什維克是一個很難說清楚的事情。人們閱讀文學名著，同時沒打算探詢一下作者透過描繪布朗、瓊斯以及魯賓遜等人物的生活究竟有怎樣的深意。閱讀烏托邦小說尤其輕鬆，因為作者並沒有和我們說，從我們當前的社會制度怎麼通向那烏有之鄉。在這些事情上，重要的是擁有正確判斷下一步應該如何走的能力。英國 19 世紀的自由主義者具備這種長處，即使他們的舉措一定會導致的最終結果會讓他們大驚失色。渾然不覺的支配人們思想的那種意象往往決定了不少的東西。社會制度能夠透過多種方式來構想，最常見的有樹木式的、機器式的和模具式的。斯巴達社會和傳統中國社會屬於第一種，這是靜態的社會觀，人性被注入備好的模具，鑄成既定的形狀。所有嚴格的道德或社會習俗多少都包含了這種觀念。思想為這種意象所制的人會有某種特定的政治觀 —— 僵化而且頑固，嚴苛而且強勢。將社會構想為機器的人相對的更現代一些，工業主義者還有共產主義者都屬於這個範疇。對他們而言，人性是乏味的，人生目標是簡單的 —— 一般是生產最大化。社會組織的宗旨就是將這些簡單目標實現。困難在於芸芸眾生對這些目標並沒有什麼興趣。他們需求的東西總是形形色色、雜亂無章，而在頭腦井井有條的組織者眼中，這些東

西一文不值。這就迫使組織者退回到模具社會，好能產出能夠好他之所好的人類；而這又會導致革命的出現。

　　將社會制度想像成樹木的人所擁有的價值觀又是截然不同的。壞掉的機器可以廢棄，用別的機器取而代之。但是如果砍掉了一棵樹，那麼等新的樹再長得一樣根深葉茂、挺拔高大就遙遙無期了。機器或模具是什麼樣的樣式，根據製造者的選擇而定；樹木則有它本身的特性，只能使其變成好的或者壞的樹罷了。適用生物的建設性和適用機器的建設性是存在區別的，生物有一些比較低階的機能，還需要某種同情。所以在孩子學習建設的過程中，他們不只是需要透過機械和積木來進行練習，也應該有透過植物和動物進行練習的機會。從牛頓時代以來，物理學就主宰了我們的思想，而到了工業革命之後，我們的事件也被它左右了；這帶來了一種非常符合機械論的社會觀。生物進化論提出了很多新的觀念，然而自然淘汰的說法又讓這些觀念失色不少，我們應該致力於利用優生、節育還有教育，讓人類事務避免被自然淘汰。樹木式的社會觀要比模具或機器式的社會觀好，不過它還是存在缺陷的。為了彌補缺陷，我們的目光應該轉向心理學。心理建設是一種特殊而又全新的建設，目前我們對其還處在所知甚少的狀態。它對於建立教育、政治以及所有純粹人類事務的正確理論，都是非常重要的，民眾的想像也應該由它所主導，這樣他們就不會為錯誤類比所誤導。有些人對人類事務中的建設性十分恐懼，因為他們擔心建設一定是機械式的；所以他們就信奉無政府主義和「返璞歸真」。在本書中，我試圖用具體的例子說明心理建設和機

器製造的區別。應該在高等教育中使人熟知這種觀念富於想像
力的一面，如果這一點能夠做到，我相信我們的政治將不再生
硬、苛刻，同時又具有破壞性，而會變得靈活而且科學，以培
養出優秀的人才為己任。

第六章
同伴的重要性

迄今為止，我們一直討論的是，在培養孩子的正確品性上父母和教師可以做些什麼。但是有許多事情，如果沒有別的孩子的幫助，是無法完成的。隨著孩子的年齡越來越大，這一點變得尤為真確；事實到了大學階段，同齡人比之前任何一個時候都重要。在出生之年的頭幾個月，別的兒童根本無關緊要，到最後 3 個月，他們才會為嬰兒帶來一點點的好處。在這個年齡階段，對嬰兒有好處的是年齡稍微大一些的兒童。家中的頭一個孩子在學習說話和走路上，一般要比後來出生的孩子慢一些，這是因為成年人的這些技能非常完善，以至於兒童難以模仿。對於 1 歲的兒童而言，3 歲的兒童是個比較合適的模範。這不僅是因為後者所做的事情前者也非常想做，也是因為後者的能力在前者看起來，並不是那麼的遙不可及。兒童會認為和成年人相比，別的兒童與自己更相似，所以這些兒童的行為更能將他們的進取之心激發出來。這種早期教育的機會，也只有家庭才能透過年齡稍微大一些的兒童提供。大部分能夠選擇和誰玩耍的孩子，都會願意和比自己大的孩子玩，因為這讓他們覺得「顯耀」；不過這些比他們大的孩子，又在想比他更大的孩子玩耍，以此類推。

　　這樣最終的結果是，在學校裡，或者在貧民區的街上，在隨便哪個能夠讓孩子隨意選擇玩伴的地方，孩子們差不多都是在和自己的同齡人一起玩耍，因為大孩子都不願意與比自己小的孩子玩。於是，小一些的兒童要想從大一點的兒童那裡學習東西，就得主要在家裡了。這樣就會產生了一個缺點，也就是任何一個家庭，都一定會有一個最大的孩子，是不能在這種方

法裡獲益的。而隨著家庭的規模越來越小，也就有越來越多的孩子成了家中最大的孩子，所以前面說的這個缺點也就越來越嚴重。在某些方面，小家庭是不利於兒童的成長的，除非透過幼兒園來進行彌補。我們會在後面的一章來專門討論幼兒園。

年紀大一點的兒童、小一點的兒童還有同齡的兒童都各有其用處，不過因為剛才所說的原因，年紀大一點的和小一點的兒童的用處主要限於家庭之內。年紀大一點的兒童的一大用處是提供可學習的榜樣。孩子為了證明自己具備加入大孩子的遊戲的資格，願意付出極大的努力。大孩子的舉止自然隨意，不會有成年人與兒童遊戲時一定會有的那種斟酌和假裝。如果成年人缺乏斟酌，那麼遊戲對孩子而言就會變得痛苦，第一是因為成年人具有絕對的力量和權威，第二是因為成年人之所以參與遊戲，是為了讓孩子而不是自己高興。孩子總是樂於服從姐姐或者哥哥，卻無法用同樣的方式服從大人，除非受到了大人的嚴厲管教。處在次要的地位與人合作，最好是從其他兒童那裡學習這方面的經驗；如果成年人打算教會孩子這一點，那麼他們將面臨陷入進退兩難的危險境地，也就是無情和虛偽—— 如果他們要求真正的合作，那就會顯得無情；如果表面的滿足就可以讓他們滿足，那麼就會顯得虛偽。我的意思並不是要始終避免真正的合作或者偽裝的合作，我的意思是說和大小孩子之間的合作相比，這樣的合作缺少自發性，所以難以長時間的合作，也不能做到讓雙方都愉快。

在整個青少年時期，年齡稍微大一些的孩子在教育上可以持續發揮一種特殊的作用 —— 這裡指的不是正式的教育，而

是那種上學時間之外發生的教育。年齡稍大一些的孩子在這一時期依然始終是進取心十分有效的刺激因素，而且如果他們的關係友好，那麼就可以比成年人更好的答疑解惑，因為對於克服困難他們還是記憶猶新的。甚至在大學時代，我還可以從比我年齡大幾歲的人那裡學到不少的東西，而這些是不能從尊貴的、令人敬畏的先生那裡學來的。我確信，大學裡的團體生活只要不是過於嚴格的按照「年級」來劃分，我這樣的經歷就是普遍存在的。當然，就像常常發生的，如果在那些高年級學生眼中，與低年級學生來往是紆尊降貴，那麼就不可能有這種經歷了。

年齡小一些的兒童也有其用處，特別是在 3 歲到 6 歲之間的；他們的作用主要關於道德教育。孩子只要和成年人在一起，就沒有實踐不少重要美德的機會，也就是強者對待弱者時所需要的那些美德。一定要教育孩子不要強搶弟弟或妹妹的東西；如果弟弟或妹妹不小心碰倒了他的積木，也不要過分的惱火；如果有誰想玩他閒置的玩具時，也不要藏起來不給。一定要告訴他，弟弟或妹妹是非常容易因為粗魯的對待而受到傷害的，如果蠻橫的他弄哭了他們，就要想方設法讓他覺得內疚。為了保護年齡小一些的孩子，父母可以突然聲色俱屬的斥責年紀大一些的孩子；這種做法在平時雖然是不合理的，不過在這種情況下卻是非常有用的，因為突如其來的斥責能夠讓孩子留下深刻的印象。所有這些都是有益的教訓，基本不可能用別的方式自然的傳授。對孩子進行抽的道德教育是一種愚蠢的做法，而且將是徒勞無功的，一切這方面的教誨都一定要是具體

的，並且還要是當時的情境所實際要求的。很多事情在成年人看來是道德教育，但在孩子看來，它們和指導怎樣使用鋸子並沒有什麼兩樣。孩子會認為大人是在向他示範某件事怎樣做。這就是榜樣為什麼這樣重要的原因之一。孩子看見了木匠工作，就會試著模仿他們的動作；孩子看見自己的父母總是和氣而體恤，也會努力在這方面學習仿效。在一切當中情形中，威信都和孩子想要模仿的東西有關係。

如果你煞有介事的教孩子鋸子怎麼使用，自己卻總在拿它當斧頭使，那麼你就永遠都無法讓他成為一名木匠。同樣的道理，如果你敦促他對自己年幼的妹妹要善待，而你自己卻都做不到善待她，那麼你一切的教導都將付之東流。所以，當你不得不做一些會弄哭幼兒的事情時，比如為他擤鼻子，就應當認真的向年齡大一些的孩子解釋一定要這樣做的原因。否則，他非常有可能會奮起保護年齡小一些的孩子，十分激烈的反對你，讓你停止在他眼中的「殘忍之舉」。倘若你任由他留下你是殘忍之人的印象，你在抑制他趨於專橫的衝動時，就會感到力不從心。

即使大一些的和小一些的孩子都非常重要，不過同齡人還是重要得多，至少在 4 歲以後是這樣的。怎樣對待和自己差不多年紀的人，這是最需要學習的。現實世界中的不平等大部分都是人為造成的，假如我們的言行舉止可以不受其影響，則善莫大焉。有錢的人在他們的廚師面前自視甚高，所以不像他們在社會中所表現的那樣來對待廚師。然而在一位公爵面前，他們又會自慚形穢，從而用一種沒有自尊的方式對待他。這

兩種態度都是錯誤的，無論對方是廚師還是公爵，都應該做到平等視之，平等待之。在青少年時期，年齡可以導致一種非人為的等級觀念；也正是因為這個，未來生活所需要的那些社會習慣，最好還是透過和同齡人的交往來獲得。任何一種遊戲，都是在同等的人之間進行才是最適合的，學業上的競爭也是一樣。在同學裡面，一個男孩所具有的重要程度要從大家的評判中來看，他也許受到大家的欽佩，也許遭到了大家的輕視，這由他自身的品性和能力所決定。父母舐犢情深，造就了太過寬縱的環境，而如果父母鐵石心腸，則會造成壓抑本能的環境。只有同齡人可以在自由競爭和平等合作的氛圍裡面為本能提供發展的機會。體貼而不卑屈，自尊而不專橫，和同等人交往是學習這些特質的最好的管道。因此，無論父母怎樣煞費苦心，也無法讓孩子在家裡可以獲得在一所好學校所可以獲得的益處。

除了上面的這些考慮外，還有一個可能更加重要的考慮。孩子的心靈和身體都需要眾多的遊戲來進行訓練，而在最開始的幾年後，如果沒有和別的孩子一起，孩子要進行令人滿意的遊戲就很難了。不怎麼遊戲的孩子會變得不自然和神經質，他的人生會失去樂趣，並且焦慮的情緒會不斷滋長。當然，像培養約翰‧史都華‧彌爾（John Stuart Mill）那樣來對孩子進行培養也是可能的，比如在孩子 3 歲開始就學希臘文，而對普通孩子的童年樂趣一無所知。只是從獲得知識的角度來看，這種做法可能會獲得不錯的效果，但是如果從全面的角度進行考慮，那麼我對這種做法不敢苟同。彌爾在他的自傳裡曾經說過，他

在年少時差點自殺，因為他想到總有一天所有的音符組合會
被用盡，到了那時，將不會再有新的音樂創作了。顯然，這樣
的困擾是神經衰弱的症狀。在彌爾後來的人生中，每次遇到一
個有可能證明他父親的哲學可能有錯誤的論證時，他就會像一
匹受了驚的馬那樣選擇逃避，他的推理能力的價值因此大為減
損。倘若他擁有一個比較正常的青少年時期，那麼他的理智可
能就會更加具有彈性，這會讓他在思想上的獨創性更強。不管
怎樣，這必然會賦予他更大的能力去享受生活。我自己也是孤
獨教育的產物，這樣的教育一直持續到 16 歲才結束 —— 我所
接受的教育，雖然不像彌爾那樣極端，但是也是極為缺乏普通
青少年所享有的快樂。在青少年時期，我也曾經歷過彌爾所說
的那種自殺傾向 —— 我之所以有了自殺傾向，是因為想到，
我身體的運動為力學定律所控制，這讓自由意志淪為純粹的幻
覺。當我開始和同齡人打交道時，才發現自己不過是一個尖刻
而又自負的人。至於現在的我在多大的程度上還是這副德性，
那就不能讓我自己來評判了。

　　即使有以上這些論據，我還是打算承認，相當一部分的孩
子不應該上學，而且其中還有一些是非常出色的人才。如果一
個男孩在某些方面擁有超常的智力，但是嚴重神經過敏、體質
孱弱，那麼他基本很難融入一群正常的男孩裡面，而且很有可
能會被逼至癲狂。非凡的能力總會連結上精神異常，在這類事
例的裡面，採用對普通男孩有壞處的教育方法就是可取的。應
該注意查明反常的精神敏感是不是有確定的病因，並且應該耐
心的努力將其治癒。然而這些努力絕對不應該讓孩子遭受重大

的痛苦,比如一個表現異常的孩子非常容易遭到野蠻同伴的欺
凌。在我看來,這類敏感一般來自嬰兒時期的某些差錯,這些
差錯讓孩子的消化系統或神經系統受損。只要能夠得到明智的
照料,我認為差不多所有嬰兒都會長成完全正常的孩子,從而
能夠享受和別的孩子做伴的快樂。即使是這樣,還是會出現某
些例外,而且這些例外很容易在那些具有某種天賦的孩子身上
發生。就這類罕見情形來說,學校教育是不可取的,讓孩子度
過一個深居簡出的青少年時期,才是更加適合的。

第七章
愛與同情

截止目前，我始終避而不談愛，有很多讀者可能對此大惑不解，因為從某種意義上來說，愛正是良好品性的本質所在。在我看來，愛和知識是和正確行為有關的兩項核心要素，但是在討論道德教育的過程中，我一直對愛緘口未提。我之所以這樣做，是因為只要恰當的培養不斷成長的孩子，他就應該水到渠成的擁有正確的愛，而不會刻意的追求。哪種愛是好的，以及不同年齡階段適合什麼性情，我們一定要做到了然於胸。從10歲或12歲直到青春期的男孩往往十分的缺乏情感，這屬於天性使然，再如何強迫也是白費力氣。和成年以後相比，整個青少年時期顯現同情的機會是比較少的，原因有兩個：首先是因為缺少可以有效表達同情的能力，其次是因為年輕人還要考慮自己的生活訓練，這讓他們很大程度上沒有經歷顧及他人的利益。因此，我們更應該注重培養飽含愛心、富於同情心的成年人，而不是在人生的最初階段就對這些特質揠苗助長。和品性教育中的一切問題類似，我們這裡遇到的問題也是一個科學問題，它所屬的範疇也許可以稱為「心理動力學」。愛作為一種義務而存在是不可能的：跟一個孩子說，他應當愛父母和兄弟姐妹，這樣即使沒有害處，也是完全沒有益處的。父母如果希望能夠得到子女的愛戴，一定要透過自己的言行舉止來激發愛意，還一定要努力賦予他們的孩子那些可以產生豐富情感的身心特性。

　　家長不僅是絕對不能命令孩子來愛他們，而且他們無論做什麼事，都絕不能是為了獲得這種愛。這方面，最深切的父母之愛和兩性之愛是不一樣的。在本質上，兩性之愛要尋求一種

回應，這非常正常；因為如果沒有回應，它就實現不了其生物學功能。然而父母之愛的本質並不是尋求回應。自然而純粹的父母本能對於孩子的感受，就好像孩子是父母自己身體的一部分所外化而成。如果你的大腳趾受了傷，你會出於自身利益而護理它，而不會盼著它對你有感激之情。我認為，就算是在人類還沒有開化的時候，一個女性對她孩子也有著極為類似的情感。她希望自己的孩子幸福，就像希望自己幸福一樣，在孩子還非常幼小的時候更是如此。照料孩子就和照料自己一樣，她不會產生什麼額外的自我犧牲感；也正因為這樣，她也不會期待孩子的感激。只要孩子還不能夠自理，被孩子需要就是使她心滿意足的回應。之後，隨著孩子越來越大，她對孩子的情感弱了，對孩子的要求卻可能多了。在動物的世界裡，寶寶長成之日，就是父母之愛終止之時，再也不會提出什麼要求；然而在人類這裡卻不是這樣，即使是在他們還特別原始的時候。一個強壯的戰士，他的父母年老體衰了，他們就指望兒子來保護、來贍養他們；艾尼亞斯和安喀塞斯的故事也表現了這種情感，不過是文明程度更高而已。

隨著先見之明的不斷增長，為了自己老有所依，人們越來越傾向於利用子女對自己的愛。這樣也就有了孝道，世界各地都有，還包含在摩西十誡的第五誡裡面。隨著私有財產制度和部門化政府的發展，孝道的重要性有所降低；再過若干個世紀，當然人們懂得了這一事實，孝道作為一種情感也就過時了。在現代社會，一個 50 歲的人在經濟上說不定還要依靠他80 歲的父母，所以重要的還是父母對子女的愛，而不是子女對

父母的愛。當然，這一點主要說的是有產階層，工薪階層裡有的還是那種舊的關係。不過哪怕是工薪階層，因為實行養老金還有一些類似的措施，舊的關係也正在逐漸發生變化。因此，孩子對父母的愛不應該再算作一項基本美德，而反過來，父母對孩子的愛十分重要。

　　還有一類危險因為為精神分析學家所研究，而十分著名，雖然在我看來，他們對相關事實的解釋並不是那麼的站得住腳。我所提到的危險，和子女對父親或母親過度的依戀有關係。成年人乃至青少年，都不應該始終的為父親或母親所庇護，以致自己都無法獨立的思考或感受。如果父母的個性比孩子強勢，就很容易發生這種情況。極少數病態的例子除外，我是不相信有所謂的「伊底帕斯情結」的，也就是兒子對母親還有女兒對父親的特殊愛慕的情。如果說存在來自父母的過度影響的話，那麼也屬於父母裡和孩子接觸較多的那一方 —— 一般是母親，這和性別的差異沒什麼關係。誠然出現這樣的情況也是有可能的：如果女兒討厭母親，又很少見到自己的父親，她就會將父親理想化。不過在這種情況裡面，施加影響的是幻想，而非父親本人。所謂的理想化，不過是找個藉口來表達自己的願望：藉口不過是權宜之計，和願望並沒有什麼本質上的關聯。父母的過度影響與此有著截然的差別，因為和它有關係的是現實中的人，而非某個虛構的形象。

　　和孩子朝夕相處的大人非常容易在孩子的生活裡面占據主導地位，讓孩子成為他精神上的附庸，甚至在孩子後來的人生中依然這樣。這種依附可以是理智上的依附，也可以是情感上

的依附，或者這兩者兼而有之的。前者，可以舉出一個突出的例子，就是約翰·史都華·彌爾。他不管怎樣，都不會承認他父親可能會犯錯誤。從某種程度上說，理智為早年的環境所限制是一種常態；能夠在見解上超出父母或教師的教導的成年人極少，除非他們被某種大的潮流挾裹其間，才有可能改變觀念。穆斯林的孩子還是穆斯林，佛教徒的孩子還是佛教徒，例外極少。也許會有人認為理智上的依附是自然而正常的，我個人則更傾向於承認，只能透過特殊的教育來避免這種情況。應該小心提防家庭和學校的這種過度影響，因為在一個日新月異的世界上，拘泥於老一代的觀念是非常的危險。但是暫時我只討論情感和意志上的依附，因為這跟我們眼下的話題的關係更加直接一些。

精神分析學家在「伊底帕斯情結」（在我看來這個叫法讓人誤解）名下所討論的那種罪惡，源頭在於父母過分的希望子女回應他們的情感。就像我上面所說的，我認為純粹的父母本能是並不要求情感的回應的；孩子的依賴還有他們向父母尋求食物、尋求呵護等事實，就可以讓其獲得滿足。如果這種依賴性消失了，那麼父母之愛也就隨之消失了。動物當中的情形就是這樣的，這已經可以徹底的滿足牠們的需求了。但是人類卻幾乎沒有可能擁有這般樸素的本能。我前面已經分析過軍事和經濟因素的影響，比如和孝道有關的說教所表達的。眼下我要關心的是，父母本能的運作中，兩種純粹心理方面的混亂根源。

如果出現了理智服從於源自本能的快樂時，就會出現第一種混亂。大體上來說，本能促進的是具有積極結果的快樂行

為，然而行為的結果並非一定是快樂的。吃飯是快樂的，然而消化並不快樂 —— 特別是消化不良的時候。性愛的過程是快樂的，然而分娩的過程並不快樂。柔弱的嬰兒是惹人喜愛的，但是長大成人、強壯獨立的兒子則不再討人喜歡。那種具有原始母性的女性從哺乳期的嬰兒那裡收穫了最大的快樂，然而隨著孩子的自理能力提高，這種快樂也就越來越少。所以，為了自己可以獲得快樂，她們傾向於將孩子的依賴期延長，並推遲孩子能夠告別父母指導的時間。比如「被拴在了他媽媽的圍裙帶上」這一類的俗語，就是這種情況的反映。過去的人們認為要想將男孩身上的這種陋習克服，一定要把他們送往學校。而如果是在女孩身上，那麼就不會被視為一種陋習，因為人們認為女孩變得柔弱和順從未嘗不是一件好事（如果她們是一位富家千金），並希望她們在結婚以後，也能依附於丈夫，就像之前依附於父母那樣。

不過，很少出現此類情況，這種不如願也是關於「丈母娘」的笑話的根源。笑話的目的之一是阻止思考，而這類特殊的笑話更是十分成功的實現了這個目的。彷彿沒人意識到，一個被養育成順從之人的女孩，她所最為依賴的人自然是她的母親，以至於她無法全心全意的和一個男子結成伴侶，而幸福婚姻的本質之一正是專一。

第二種心理混亂和佛洛伊德學派的正統觀點更接近。它的產生根源是因為父母之愛包含了適合於兩性之愛的成分。我指的並不是任何一定依賴於性別差異的東西，指的只是對於某種特定情感反應的期望。想要成為某人心目中的唯一，並感到對

世上至少某個人的幸福來說，自己比任何別的人都更重要，這恰恰是性心理學的一部分——事實上，正是這個部分讓一夫一妻制成為可能。當這種欲望締造了婚姻，只有實現若干別的條件以後，幸福才能產生。因為這樣那樣的原因，文明國家裡絕大多數的已婚婦女都沒有滿意的性生活。如果一位女性自身發生了這種狀況，她會傾向於從孩子身上尋求一種虛假、不當的欲望滿足，然而只有男性才可以充分而自然的讓這種欲望得到滿足。我指的並不是任何顯著可見的東西，而是某種緊張情緒、熱烈感受、親吻的愉悅還有過分的愛撫。過去一直覺得這些是母親表示對孩子的疼愛的、非常正常而且合適的表現。確實，什麼是正常的，什麼是有害的，這兩者之間的差別十分微妙。認為父母完全不應該親吻和愛撫自己的孩子，就像某些佛洛伊德主義者主張的那樣，未免有些荒謬。孩子有從父母那裡獲得溫馨關愛的權利，這能讓他們獲得一種快樂、無憂無慮的世界觀，同時，這也是發展健康的心理所不可缺少的。然而，在孩子的眼中，這種關愛應該是像他們呼吸的空氣那樣是理所當然的事物，而不是什麼需要他們做出回應的東西。事情的關鍵就是這個回應。孩子會有某種自發的回應，這非常好；但是它和主動追求玩伴們的友誼完全不一樣。從心理學的角度來說，父母應該成為背景，孩子的舉動不應該是為了取悅父母。父母應該在孩子的成長和進步中獲得快樂；孩子透過回應給予父母的任何東西，都應該懷著感激之情去接受，作為純粹的額外收穫，就像春天裡的好天氣一樣，而不應該期盼，好像這是天經地義的事情。

在性方面無法獲得滿足的女性，是很難成為幼兒的理想母親的，也很難成為理想的教師的。無論精神分析學家會如何說，父母本能本質上和性本能是不一樣的，而且會因為適合於性的情感因素的干擾而受到影響。在心理學上，僱用獨身女教師的習慣是大錯特錯的。這樣的女性適合和孩子打交道：她的本能不會從孩子那裡尋求對她自己的滿足，這種滿足從來就不應該由孩子來提供。婚姻幸福的女性水到渠成的屬於這種類型，別的女性如果要做到這一點，則需要具備一種微妙的、幾乎不可能擁有的自制力。當然，在同樣的情形中的男性也是適用同樣的東西，不過男性身上很少出現這種情形，一則因為他們的父母本能一般不那麼強烈，二則因為他們出現欲求不滿的情形極少。

　　我們能夠期望孩子以什麼樣的態度對待父母？對於這個問題，我們同樣要做到心中有數。如果父母給予自己的孩子正確的關愛，孩子的反應就會恰如父母所願。父母來了孩子就非常高興；父母走了孩子就非常難過，除非他們正聚精會神的玩遊戲；只要是遇到了身體或心理上的問題，他們就會求助自己的父母；他們勇於進行冒險，因為他們背後有靠山 —— 父母的保護 —— 不過除非在危險關頭，這種感覺基本上是意識不到的。他們期待父母回答他們的問題，消除他們的疑惑，並幫助他們將困難的工作完成。父母為他們所做的事，大部分他們都不會意識到。他們喜歡自己的父母，並非因為父母為他們提供吃和住，而是因為父母陪著他們玩遊戲，教他們做新東西，還跟他們講關於世界的故事。他們會一點點的意識到父母對自己

的愛，不過這應該被當作是理所當然的事。他們對父母的情感和對其他孩子的情感屬於截然不同的種類。父母的行動應該考慮孩子，而孩子的行動則應當考慮自己還有外部世界。這裡面的區別是本質的。孩子在對父母的關係上不用履行什麼重要的職責，長身體、增才智就是他的職責，他只有這樣做，健康的父母本能就會獲得慰藉。

　　如果我上面的論述傳達了這樣一種印象，即我試圖減少家庭生活中愛的分量或者愛的自然表現，那麼我應該道歉。我絕不是這個意思。我想說的是愛是有著不同的種類的，夫妻之間是一種愛，父母對孩子也是一種愛，孩子對父母又是另一種愛。將這些不一樣種類的自然情感混為一談是有壞處的。在我看來，佛洛伊德學派在這個問題上並沒有已經掌握了真理，因為他們並不承認這些情感在本能上是存在差別的。這讓他們在親子關係上持某種禁欲的觀點，因為親子之間的任何一種愛，都被他們視為是不適當的兩性之愛。我相信，除非是處在特別艱苦的環境，否則並不用什麼重大的自我克制，一對相愛的夫妻和他們的孩子就應當可以遵從內心的意志而自然的行動。他們需要很多的思想還有知識，不過這些是能夠透過父母之愛來獲取。應該是夫妻之間才能相互給予的東西，絕對不能轉變為對孩子的要求；如果他們相互都覺得幸福，也就不會產生這樣做的衝動。得到了父母恰當照料的孩子，會對父母產生一種自然的愛，這種愛對他們的獨立並不會構成障礙。所需要的並非禁欲式的自我克制，而是本能的自由與擴展；當然，本能還得有理智和知識進行充分的引導才行。

在我兒子 2 歲零 4 個月大時，我離家去了美國，而且這一走就是 3 個月。我沒在家的時候，他非常快樂；我回來的時候，他更是欣喜若狂。我看見他站在花園的門口，迫不及待的等著我，他拉著我的手，帶著我看各種讓他非常感興趣的東西。我是想聽而不想說，他是想說而不想聽。這是兩種不一樣但是十分融洽的衝動。輪到我講故事的時候，他想聽而我想說，所以我們再一次融洽。只有一回情況反了過來。在他 3 歲半大時我過生日，他母親和他說，做點什麼事讓我開心開心。他最大的樂趣就是聽故事，讓我們感到驚喜的是，到了正常聽故事的時間，他宣布：因為是我的生日，他要向我講故事。他一口氣講了十來個故事，然後跳下床宣布：「今天的故事講完了。」這是發生在 3 個月前的事，不過從這以後，他就再也沒有講過故事了。

我接下來要討論一個更加寬泛的問題，也就是一般意義上的愛和同情。鑒於父母可能濫用權力，從而導致和孩子之間出現衝突，所以在處理一般問題之前，先來說一說這些衝突還是有必要的。

不存在任何方法能夠強迫孩子產生同情或愛心，唯一的途徑是，對這些情感進行觀察，是自發的出現在哪些條件下的，然後想辦法創造這些條件。毋庸置疑，同情部分是出自於本能。孩子如果聽見他們的兄弟或姐妹的哭聲就會非常著急，常常也會跟著一起哭。如果大人對孩子做了什麼不好的事，他們會合夥起來，激烈的反抗大人。有一次，我兒子手臂受了傷需要包紮，他 18 個月大的妹妹在另一個房間聽見他哭也非常難

過。她不住的在說：「強尼在哭，強尼在哭。」一直到替我兒子包紮完畢。還有一次，我兒子看見他母親在用針挑她腳上的刺，他就著急的說：「媽媽，不痛。」他母親想要告訴他不用大驚小怪，就說痛。他硬說不痛，他母親則執意說痛。他忽然就小聲的哭了，然後又大哭起來，彷彿是在挑他腳上的刺一樣。這樣的情形一定來自於本能的生理層面的同情，這就是更複雜形式的同情所賴以形成的基礎。

顯然，應該使孩子清楚這一個事實：人和動物都能感覺到疼痛，而且在某些情況下確實會感覺到疼痛；除了這個以外，不需要做別的任何事進行正面教育。但是還有個消極條件：一定不要讓孩子看見他尊敬的人的冷酷或殘忍之舉。如果看見了父親獵殺動物，或者母親辱罵女僕，孩子就會染上這樣的惡習。

什麼時候還有怎麼樣讓孩子了解世界上的罪惡，這是個不小的難題。在孩子成長的過程中，不讓他知道戰爭、屠殺、貧困以及可以預防卻任其肆虐的疾病是不可能的。到了某個階段，孩子一定需要了解知道這些東西，並把和這有關的知識和這一堅定的信念結合在一起：施加甚或容許任何本來可以避免的痛苦，是大惡之事。這裡我們遇到的問題，和希望保持女性貞操的人所遇到的問題類似，這些人原本以為女性在婚前應該對性一無所知，不過他們現在已經採取了更加積極的做法。

據我所了解，有些和平主義者主張歷史教學不要涉及戰爭，並堅持應該盡量晚的讓孩子知道世上還存在暴行。這種以無知為基礎的「與世無爭式美德」，恕我實在不敢苟同。既然要

教歷史，那就要實事求是的教。如果真實的歷史和任何我們想要培養的道德出現了衝突，那麼一定是我們的道德是錯誤的，最好摒棄。我完全承認，很多人包括一些品德最為高尚的人都認為說實話多有不便，不過這其實是因為他們德性中存在的某種軟弱。那些真正強健的道德，只會因為充分的了解世上所發生的實情而越來越強健。我們絕對不能冒這種風險，那些接受了無知教育的年輕人一旦發現了罪惡的存在後，會欣然轉向為非作歹。要想要讓他們屏除殘忍，一定要讓他們對殘忍產生厭惡；而要讓他們對殘忍產生厭惡，就要讓他們了解殘忍的存在。

但是，想找到正確的向孩子傳授關於罪惡的知識的方法卻不容易。誠然，那些在大城市貧民窟裡生活的人很早就對爭吵、酗酒、家暴等瞭若指掌。如果這和別的影響因素相抵消，可能不會對他們造成什麼傷害；然而只要是謹慎的父母，絕對不會故意的讓年紀小的孩子看見這類景象。我想，反對這麼做的一個主要理由是，這類觸目驚心的景象，會將孩子以後的整個人生蒙上陰影。一個根本沒有任何自衛能力的孩子第一次知道兒童也可能遭遇到虐待時，會情不自禁的感到恐懼。大概 14 歲的時候，我第一次看《孤雛淚》就無比驚駭，如果我當時的年紀再小一些，肯定難以忍受。

在孩子的年齡大到足以比較鎮定的面對這些惡劣的事情之前，讓他們知道這些事情是不合適的。對於不一樣的孩子而言，這個時期也是不一樣的，有早有晚：和那些性情淡漠或天生勇敢的孩子相比，那些想像力豐富或者生性膽小的孩子的受保護期一定是會長一些的。在讓孩子面對冷酷的事物之前，應

該先讓其牢固的樹立因為期望仁慈而無所畏懼的心理習慣。選擇時機和方式都需要技巧和見識，這並非一條規則就可以決定的事情。

　　然而有些原則還是應當遵循的。首先，諸如「藍鬍子」和「巨人殺手傑克」之類的故事，跟任何和殘忍有關的知識都完全沒有關係，所以不能產生我們現在說的問題。對孩子而言，它們純屬想像，他絕不會以任何一種方式把它們和真實世界連結在一起。毫無疑問，他從中獲得的快樂和野蠻的本能有關，不過在柔弱的孩子身上，這些本能無非是些無害的遊戲衝動而已；再說隨著孩子越來越大，它們會逐漸消失。不過，當第一次向孩子說起現實世界裡的殘忍之事時，一定要注意選擇那些能讓孩子把自己和受害者而非施暴者等同起來的事件。如果聽到了一個讓他能以暴君自居的故事，就會啟動他身上的野蠻成分；這類故事容易培養出來帝國主義者。而亞伯拉罕準備祭獻以撒的故事，還有母熊殺死受以利沙詛咒的童子的故事，卻可以自然而然的引發孩子對別的孩子的同情。如果講述這類故事，應該目的在表達過去的人淪落到了何等殘忍的地步。在我小的時候，曾經聽過一次有一個鐘頭之久的布道，通篇都在證明以利沙詛咒那些童子是正確的。幸好當時我的年齡已經大到足能夠認定那個牧師是愚蠢的，否則我猜我一定會被嚇得精神失常。亞伯拉罕和以撒的故事更加恐怖，因為故事裡殘忍的對待孩子的正是他的父親。如果講述這些故事時，帶著亞伯拉罕和以利沙是有德之人的預設，那麼它們要麼對孩子毫無觸動，要麼會極大降低孩子的道德水準。不過倘若將它們作為人類罪

惡的一種引介來講，那就不無裨益了，因為它們生動、久遠，而且還是虛構的。《約翰王》中赫伯特挖掉小亞瑟眼睛的故事，也是同樣的道理。

　　其次，歷史教學可能會講到所有戰爭，不過這時，應該首先對戰敗者表示同情。如果是我來教歷史的話，我會先將那些讓人自然的支持戰敗者的戰爭──例如，如果是對英國兒童上課，那不妨講一下黑斯廷斯戰役。我會一直強調戰爭帶來的苦難和創傷，並逐漸引導孩子在閱讀和戰爭有關的內容時，不再覺得有一點的偏向，只是覺得雙方都是發脾氣的蠢貨，應該讓保姆抱他們回床上，一直到他們學好為止。我會這樣將戰爭和幼兒園裡孩子間的爭吵進行類比，利用這種方式，我相信能夠讓孩子看清戰爭的真面目，並認知到發動戰爭是一件愚不可及的事情。

　　如果有什麼殘忍或者冷酷的現實事例讓孩子注意了，就應該就其展開充分的討論，運用大人自己賦予這一事例的所有道德價值，並總是給予這樣的暗示：那些做出殘忍行為的人是無比愚蠢的，他們之所以見識低下，是因為沒有獲得良好的教養。但是倘若孩子自己沒有發現他的現實世界中的這類事情，我就不會主動讓他去注意它們，直到他透過歷史和故事熟悉了它們，我再一點點的向他提出關於他周遭世界中的罪惡的知識。但是，我要始終讓他感到，罪惡是能夠被擊敗的，它的根源是無知、缺乏自制和糟糕透頂的教育。我不會鼓動孩子表示對作惡者的憤慨，寧可將他們視為不知道什麼是幸福的笨蛋。

　　本能上的發端既已存在，培養寬厚的同情心主要就是一個

理智的問題：它由對注意力的正確引導，以及對被軍國主義者和獨裁主義者所掩蓋的事實的了解所決定。這個舉托爾斯泰（Tolstoy）對拿破崙在奧斯特利茨戰役獲勝後巡視戰場的描述作為例子。大多數史書上的記載，就是到這場戰爭的結束，托爾斯泰也無非是多寫了半天戰場上的事，就呈現出一幅大不一樣的戰爭圖景。這是利用給出更多的事實而不是隱瞞事實實現的。適用於戰爭的東西，對其他形式的殘忍也是同樣適用的。在一切事例中，應該都沒什麼強調道德的必要，正確的講述故事就可以了。不必展開道德說教，就讓事實在孩子的內心生發出它們本身所蘊含的道德吧。

關於愛，我還要再說幾句，愛和同情是有區別的，它在本質上一定是選擇性的。父母和孩子之間的愛我已經說過了，現在我希望思考一下平等地位的人之間的愛。

愛無法被創造，而只能被解放。有一種愛有一部分的是扎根於恐懼的，對父母的愛就有點這種成分，因為父母為我們提供保護。在童年的時候，這種愛是自然的，不過在以後的人生中，它們就不再是可取的了；而且就算是在童年的時候，對別的孩子的情感也是不屬於這種類型的。我的女兒摯愛著她的哥哥，即使他是在她的世界裡唯一曾經欺負過她的人。對平等之人的愛，是愛的最好的種類，它更可能存在於幸福而沒有恐懼的情況下。不管有沒有意識，恐懼都非常容易產生厭惡，因為在心懷恐懼的人的角度，別的人都有對自己施加傷害的可能。觀察現狀我們得知，大部分人因為嫉妒而做不到博愛。我認為，嫉妒只能透過幸福才能避免；道德訓練是不能觸及其潛意

識形式的。而相反，幸福則主要受到恐懼的妨礙。那些擁有幸福機會的年輕人，往往為父母或者所謂的「朋友」所制止，名義打的旗號是道德，其實則是因為嫉妒。如果這些年輕人擁有足夠的膽識，就會對那些發牢騷的人表示無視；要不他們就會自甘淪落，和那些存在嫉妒心理的道德家為伍了。我們始終在分析的品性教育目的在於產生幸福和勇氣，因此我覺得，品性教育做了為釋放愛之泉源所可能做的事。此外，我們任何事都不能再做了。如果你和孩子說，成為一個具備愛心的人是他們的義務，那麼你就存在培養出一個虛假、偽善之人的危險。然而倘若你讓他們幸福而自由，為他們營造友善的氛圍，你就會發現，他們自然而然的善待遇到的每一個人，而且基本所有人都會做出友好的回應。一種親切而真誠的性格可以證明其自身的合理性，因為它散發著無法抗拒的魅力，並引發它所期待的回應。這正是有望從正確的品性教育中收穫的最重要的成果之一。

第八章
性教育

性的話題總被迷信還有禁忌重重包圍著，我在討論這個時頗有一點忐忑。我擔心，倘若將我提出的各項原則應用到了這一領域當中，迄今為止始終接受這些原則的讀者就會懷疑它們；他們可能已經欣然承認自由和無畏對孩子是有好處的，然而只要一涉及性，他們還是想讓孩子保持服從和恐懼。不過我不能因為這個讓自己不去相信完全正確的原則，我要拿出對待構成人類品性的別的衝動的態度來對待性。

性有一個無關禁忌的特點，那就是性本能是晚熟的。誠然，就像精神分析學家所指出的（雖然有些誇張），童年時期也並不是不存在這種本能。然而它在童年時期的表現，和在成年生活中的表現完全不一樣，力量上要弱很多，而且一個男孩在身體上也做不到以成年人的方式來放縱它。在青春期裡充滿了嚴重的情緒危機，這些危機深入影響了智力教育，所造成的妨害為教育者造就了不少的難題。我並不想討論這類問題中的所有方面，青春期之前應該做些什麼，是我所主要考慮的。教育改革正是在這個方面最為迫切，特別是在嬰幼兒時期。即使在很多細節問題上，我和佛洛伊德學派存在意見分歧，不過他們曾經主張在關於性的事情上錯誤對待幼兒，會導致以後精神紊亂的出現，我認為這是一個頗有意義的貢獻。他們這方面的工作已經產生了普遍有益的成果，不過還是有大量的偏見得克服。當然，因為孩子剛出生後的那幾年，主要是由對相關知識基本一無所知的女性來照顧，這種做法讓克服偏見的難度大大提高，因為無法指望她們去了解，更無法指望她們能夠相信學者們所說的話，而學者們為了避免淫穢的指控，不得不讓自己

見解的表達冗長而又曲折。

　　我們按照時間順序來考慮問題，母親和保姆第一個遇到的問題是手淫。權威專家表示稱，在 2 歲和 3 歲的孩子身上普遍存在這種現象，不過之後一般會自行消失。有時它會因為某種能夠避免的特定身體刺激而表現得更加顯著。（醫學方面的細節不在我的討論範圍內。）不過就算沒有這些特殊原因，手淫也是經常發生的。人們習慣視手淫為洪水猛獸，所以要用非常嚇人的威脅去制止它。雖然孩子對這些威脅相信了，不過它們一般不會起什麼作用；結果就是孩子被令人痛苦的恐懼所包圍，這種恐懼沒多久就會脫離其始因（這時因受壓抑而進入潛意識），不過還會繼續引發惡夢、神經質、幻覺還有驚悸。如果聽其自然，幼年的手淫顯然不會對健康產生不良的影響，也沒有發現它會對品性產生不良的影響；在這兩個方面所觀察到的不良影響，好像可以完全歸咎於制止手淫的企圖。就算手淫是有害的，發布一項根本得不到遵守的禁令也稱不上明智；再說從這件事的性質來看，在你禁止孩子手淫以後，也無法不確保他就此作罷。如果你置之不理，這種行為說不定很快就停了。

　　不過如果你進行干涉，那麼停止手淫的可能性大大降低，還埋下了嚴重的神經衰弱的禍根。因此這一方面還是讓孩子自便為好，雖然這可能不好做到。我的意思並非除了禁令之外就無計可施了。等孩子犯睏了再讓他就寢，這樣他就不能長時間清醒的躺在床上。把幾件他心愛的玩具放在他的床上來分散他的注意力，諸如此類的方法完全可以實施。不過如果它們沒有

奏效，那也別訴諸禁令，甚至別讓孩子注意到他自己沉溺於這種行為的事實，那麼手淫通常都會自行停止。

性方面的好奇心一般萌發在 3 歲的時候，其表現形式是，開始對男女之間還有大人和小孩身體之間的差異感興趣。本質上，這種好奇心在幼兒期並沒有什麼特殊性，只是很多一般好奇心中的一種。在依照傳統所養育的孩子身上能夠見到這種好奇心有了特殊性，這是成年人的故弄玄虛的結果。如果不是神祕莫測，好奇心只要滿足了就會消失。應該一開始就允許孩子看見父母還有兄弟姐妹的裸體，只要是在自然的狀態下發生的。總而言之，不必大驚小怪，人們對裸體是有感覺的孩子並不了解。當然，他以後會知道。將會看到孩子很快就可以發現父母之間的那些差異，並把它們和兄弟和姐妹之間的差異連結在一起。但是這個主題一旦被探索到這種程度，就像總打開著的櫥櫃一樣，沒什麼吸引力了。當然，孩子在這個時期裡提出的任何問題都一定要做出回答，和回答別的方面的問題一樣。

回答問題是性教育的重要組成部分，這裡需要貫徹兩條規則。第一，回答問題永遠都要實事求是。第二，對待性知識要和別的知識一樣，要完全一視同仁。如果孩子問了一個和太陽、月亮、雲彩、汽車或者蒸汽機有關的、非常聰明的問題，你會喜出望外，並按照他的理解能力，盡可能詳細地為他解答。這種答疑解惑在早期教育裡所占的比重很大。不過如果他問你一個關於性的問題，你就忍不住要說「閉嘴」。即使你明白這樣做是不應該的，你給他的回答也會是簡短而又枯燥的，可能還會流露出一點尷尬。孩子可以馬上發現這種細微差別，

這樣你就為色情心理的滋生提供了溫床。你應給予充分而自然的回答，就當這個問題是關於別的事情的。哪怕在潛意識裡，你自己也不應該認為性是可怕和下流的東西。要不然你的這種想法就會自動傳遞給孩子。他一定會覺得，自己的父母當中存在某種齷齪的關係；以後他則會斷定，在父母看來，那種導致他降生的行為是不好的。兒時的這種感受讓本能的快樂情感幾乎沒法產生，不只是在青少年時期是這樣，到了成年時期也不例外。

當孩子的年齡大到足能夠提出和生育有關的問題，比如說在 3 歲以後，如果要為他生下一個弟弟或妹妹，就不妨告訴他，嬰兒是在母親體內生長的，再和他說，他也是以這樣的方式誕生。不妨讓他看到母親對嬰兒哺乳，並告訴他他自己也做過同樣的事情。所有這些，就像別的關於性的事情一樣，都要用完全科學的態度為他講清楚，不過鄭重其事也是沒有必要的。絕對不能和孩子說什麼「母性神祕而神聖的功能」，從頭到尾都應該徹底的實事求是。

如果在孩子大到足夠可以提出和生育有關的問題時，家中沒有誕生新成員，那麼大概就得利用講述「在你出生前發生的事」來將這個話題引出來了。我發現我兒子直到現在至今還無法理解一段他不存在的時間的存在，如果我和他說起金字塔的建造這類的話題，他總會問他那時候在做什麼，當我和他說那時還沒有他時，他就會大惑不解。他遲早會想弄清楚「出生」意味著什麼，到時我們再和他說明白。

在回答關於生育的問題時，自然的提到父親在這方面作用

的很少，除非是生活在農場裡的孩子。但是有點是至關重要的，孩子最開始應該是從父母或教師那裡了解相關的知識，而非從那些不良教育導致下流的孩子那裡。我十分清楚的記得，我自己是在 12 歲那年，從一個男孩那裡了解這件事的；他對待整件事的態度都十分的粗鄙，把它當作一個可以提供淫穢笑料的話題。這可以說是我這一代男孩的典型經歷，這樣的自然後果是，絕大部分的人終其一生，都覺得性是滑稽的，性是下流的，這會導致他們無法對和他們性交的女性表示尊重，哪怕她是他們孩子的母親。即使父親們一定還記得他們自己當初是怎樣獲得性知識的，父母們依然奉行了聽天由命的怯懦政策。這些父母怎樣才能認為這樣的做法對於讓孩子心智健全或品行端正是有幫助的？我無法想像。從一開始，性就應該被視為是自然的、愉悅的以及正當的，否則就會讓男女關係和親子關係遭到破壞。性的最佳狀態，是在彼此相愛並且愛他們孩子的父母之間。和讓孩子從葷笑話那裡得到對性的最初印象相比，讓他們首先從父母關係中了解性要合理得多。還有一種情況更加糟糕，那就是讓他們認為父母之間的性生活是一個不可告人的罪惡祕密。

在性上面，如果不存在被別的孩子教壞的可能性，那麼這個問題就可以聽任孩子的好奇心自然展現，需要父母做的只是回答問題就可以了 —— 不過始終要遵循一個前提，那就是要在青春期之前，要讓孩子了解知道一切。這一點當然是非常有必要的。讓一個孩子直接猝不及防的承受那段時期身體還有情感上的變化，未免有些殘忍，這也許會讓他們覺得自己得上了

某種可怕的疾病。而且在青春期以後，一切和性有關的話題都變得富有刺激性，以致孩子不能帶著科學的態度去聆聽，不過這個在青春期之前是完全可以的。因此，除了要完全遠離汙言穢語，還要讓孩子在青春期到來之前了解性的本質。

那麼，要讓在青春期之前多久了解相關知識，則由具體的情形決定。那些思維活躍、好奇心強的兒童應該比遲鈍的兒童了解得早一些。無論什麼時候，都不應該讓好奇心無法得到滿足。不管孩子多麼小，只要他發問，就一定要回答他。而且他的父母應該是這樣的態度：他想了解什麼，就問什麼。不過如果孩子沒有主動提問，那麼不管怎樣，也要在他 10 歲之前和他將這方面的知識講清楚，以防他先被別人用有壞處的方式告訴了他。所以，透過講解植物和動物的繁殖來將他的好奇心激發出來，可能是一種可取的辦法。千萬不要一本正經，不妨先清清嗓子，然後來這樣一段這樣開場白：「我的孩子，我現在就要和你說一些你是時候知道的事情了。」整件事都應該當作普通而尋常的小事，這就是為什麼最好要採取問答的方式來進行。

男孩和女孩應該受到同樣的對待，在今天我想這已經沒有必要辯論了。

在我小的時候，這樣的情況還非常常見：到了結婚的時候，一個「有教養」的女孩還對婚姻的性質渾然不知，而還不得不從她的丈夫那裡知曉；不過近年來，這樣的事已經很少聽到了。我覺得，現在大部分人都承認，基於無知的美德是沒有任何的價值的，女孩和男孩一樣擁有權利求知。如果還有人連

這一點都還不承認，那麼他們就不大可能讀我這本書，所以也不值得和他們爭論了。

我沒準備討論狹義的性道德教育，這個問題眾說紛紜，並無定論。如何看這個問題，基督教徒和穆斯林不一樣，天主教徒和容忍離婚的新教徒也不一樣，自由思想家和恪守中世紀傳統的人又不一樣。家長都想用他們所相信的那種特定的性道德來教育自己的孩子，我希望政府不要對他們進行干涉。不過將那些有爭議的問題拋開不談，還是有許多的東西能夠成為人們共同的立場。

首先是衛生方面的問題。年輕人在面臨染上性病的危險之前，一定要對性病有所了解。應該將關於性病的知識如實的教給他們，別像一部分人那樣為了道德利益而聳人聽聞。他們既應該學會怎樣避免患上性病，也要學會怎樣治療性病。只提供道德完美之人所需要的指導，而把別人遭遇的不幸視為罪有應得，這樣的觀點是錯誤的。否則我們也可以以粗心駕駛是一種罪過為理由，拒絕為那些在車禍中受傷的人提供幫助。而且，在這兩種情況裡，懲罰或許會落到無辜的人的頭上；就像人們不能認定被粗心司機駕車撞倒的人是有罪的，也不能認定患上先天性梅毒的孩子是有罪的。

應該讓年輕人有這樣的認知：生兒育女是一件極為嚴肅的事情，除非能夠合理的預期孩子可以獲得健康還有快樂，否則將不應該貿然行事。按照傳統的觀念，婚姻生活中的生育總是正當的，哪怕母親的健康因為頻繁的生育而受到了損害，哪怕生下的是患有疾病或心智不全的孩子，哪怕都沒有足夠的

食物來餵養孩子。現在，只有無情的教條主義者還在堅持這種觀念，在他們看來，只要是令人性蒙羞的事都增添了上帝的榮耀。關愛孩子或不以折磨弱者為樂的人，都對這種為殘忍行徑提供依據的冷酷教條表示反對。關心孩子的權利和價值，還有由此所蘊含的一切，都應進入道德教育，並成為其重要的組成部分。

　　要讓女孩學會期待有一天她們可能會成為一位母親，她們應該了解一些在母嬰方面有所裨益的基本知識。當然，男孩和女孩都應該學習一些生理和衛生知識。要讓他們清楚，沒有父母之愛的人是無法成為好父母的；然而即使有了父母之愛，還是需要大量的知識。缺乏知識的本能不足以撫養孩子，缺乏本能的知識也是一樣的道理。理解知識的必要性越深，具備知識的女性就越能夠感受到母親身分的吸引力。現在，不少接受過高等教育的女性輕視母親的身分，覺得它不能提供施展她們才能的機會；這是非常大的不幸，因為如果她們能轉變思想，就具備了成為最出色的母親的能力。

　　在關於兩性之愛的教育中，還有一件事必不可少。嫉妒，絕對不能視為正當的維護權利行為，而應該視為嫉妒者的不幸以及被嫉妒者的厄運。當占有欲侵入了愛情，愛情就會活力不再，並會將人性吞噬；如果是反過來的，愛情就可以完善人性，並帶來更加熱烈的人生。在過去的時候，家長們因為宣揚愛是一種義務，而導致他們和孩子的關係破壞；現在，丈夫和妻子還總因為同樣的錯誤，而破壞相互的關係。愛情無法成為義務，因為它不為意志所支配。

愛情是上天賜予的禮物，而且是上天所賜予的最好禮物。自由而自發的愛情才能表現出喜悅和美妙，那些禁錮愛情的人則摧毀了這些東西。

　　恐懼在這裡再一次成為敵人。擔心失去了人生中的幸福的人，其實已經將幸福失去了。這件事和別的事情類似，無畏才是智慧的本質。

　　因此，我在教育我自己的孩子時，要努力避免他們接受那種我覺得有害的道德準則。部分自身持有自由觀念的人願意讓自己孩子先接受傳統的道德，孩子只能是等以後再擺脫後者的束縛 —— 如果能的話。這種做法我不同意，因為在我看來，傳統的準則不僅將無辜的東西禁止了，而且還對有害的東西表示贊成。那些接受了傳統教育的人，幾乎都會覺得自己在時機來臨時陷入嫉妒是合情合理的；此外，他們還可能受到性的困擾，主動或被動的。我不會教孩子覺得，終生忠於伴侶不管怎樣都是可取的，或者覺得一段穩固的婚姻應該排除短暫的戀情插曲。如果將嫉妒視為正當的，那麼這樣的插曲會導致極為嚴重的衝突；不過如果雙方都可以接受一種沒那麼嚴格的道德，那麼他們中間就不會有矛盾產生。婚姻關係如果涉及到了孩子，應該盡可能的穩固，但是不必因此是排他的。如果雙方都具備自由且沒有金錢動機，那麼愛情是美好的；如果無法滿足這些條件，那麼愛情往往是糟糕的。正因為傳統的婚姻中這些條件常常得不到滿足，才不得不用一種基於希望而不是恐懼的、積極的而不是限制性的道德來合乎邏輯的反對人們在性問題上所接受的準則。所以，以我們自認為有害的道德來教育我

們的孩子是沒有任何理由的。

　　最後一點，父母和教師對於性所表達出來的態度應該是科學的，而非教條式的或情緒化的。比如，提起母親和女兒說到這個問題，讓她以敬畏的態度講述自然的旨意；說到父親在這個問題上教導兒子，父親應該以敬畏的態度解釋自然在開啟新生命上的旨意 —— 覺得這樣的說法不存在任何可疑內容的讀者，不妨可以將他們略過。不過我認為，和解釋蒸汽機的結構相比，這樣的場合不應該包含更多的「敬畏」。「敬畏」，意味著有一種比較特殊的語調，孩子可以從這裡面推斷出性具有某種特殊性質。這裡距離色情和下流只有一步之遙。只有當我們不再區別對待性問題和別的問題，在這一問題上的體面才可以確保。所以，那些毫無根據並且被最無偏見的學生所質疑的教條是我們絕不能提倡的，比如：「成年以後可以實現的理想的兩性社會關係是一夫一妻的婚姻關係，在這種關係中，兩人都要絕對忠誠的生活。」這個觀點可能是對的，也可能是錯的；現在當然沒有充分的證據能夠證明它是真理。把如果將其作為不容置疑的東西來傳授，我們就是把科學的態度給拋棄了，並且在一個最重要的問題上不遺餘力的阻止理性思考。只要這種教條主義繼續在教師裡面存在，就無法指望他們的學生在面對任何讓他們反應激烈的問題會保持理性，而取代理性的，必然會是暴力。

第九章
幼兒園

我已經在前面幾章中，試著就如何培養那些能讓幼兒在以後的人生中幸福和受益的習慣，做了概述。但是我還沒有討論這個問題：這種培養，到底是由父母，還是由為此目的所設計的學校來進行？我個人覺得，支持幼兒園的論據是擁有完全壓倒性的優勢的 ── 開設幼兒園不只是為了貧窮、無知還有勞苦人家的孩子，也是為了所有的孩子，或者至少是為了所有生活在城市裡的孩子。我確定，在瑪格麗特‧麥克米倫（Margaret McMillan）小姐開辦在德普特福德的幼兒園裡，孩子所得到的教育要優於現在任何富家子女所能獲得的教育。我特別希望看到這樣的幼兒園可以惠及一切的孩子，無論貧富。不過我們還是在談論現實中的幼兒園之前，先來了解一下應當設立這種機構具有哪些理由。

　　首先，幼兒時期不管是醫學上還是心理學上，都是特別重要的。這兩個方面極為緊密的結合在一起，例如恐懼會導致孩子呼吸不暢，呼吸不暢則容易帶來各式各樣的疾病。這樣的相互關係數不勝數，以致如果不具備一定的醫學知識，就基本無望培養孩子具備良好的品性；而如果缺乏一定的心理學知識，也基本無望培養孩子具備健康的體格。這兩個方面所需要的大多數是特別新的知識，而且其中不少的知識是和歷來受到尊重的傳統背道而馳的。拿紀律問題為例，如果和孩子發生了爭論，不要讓步，但也不要懲罰是一個重要的原則。一般家長有時候會因為不勝其煩而做出讓步，有時又會因為怒不可遏而懲罰孩子。正確的成功之道，則是要想盡辦法，將耐心和啟發的能力結合在一起，這是一個心理學方面的例子，還可以舉一

個醫學方面的一個例子：通風。如果父母用心且聰明，孩子就可以享受到日夜流通不斷的新鮮空氣，而且用不著穿太多的衣服。但是如果父母既沒有關愛之心又沒有才智，那麼他們的孩子就免不了要遭受傷風感冒的痛苦了。

　　對幼兒的照顧是一門全新而困難的藝術，我們並不能指望家長們具有所有的技巧和閒暇。對於那些沒受過什麼教育的家長而言，情況顯然是這樣的：正確的方法他們不知道，就算教給他們正確的方法，他們也不信服。我住在一個農業地區，臨海的那裡得到新鮮食品很容易，氣候既不太冷，也不太熱；我之所以選擇這裡，主要是因為對孩子的健康而言這裡是非常理想的地方。但是那裡的孩子，無論是農民家的、店主家的還是誰家的，差不多都是臉色蒼白、無精打采，因為他們飲食無度，同時玩耍上受到了限制。他們從來都不去海灘，因為認為在水邊玩是危險的。他們在戶外都穿著非常厚的毛外套，甚至在炎熱的夏季也是如此。如果他們在玩耍時吵鬧，大人就會想辦法讓他們舉止「體面」。然而他們可以很晚才去睡覺，並且可以得到各種對健康不利的成人零食。他們的父母對我的孩子為什麼沒有早早的因為傷風和受凍而夭折無法理解，但是任何現實教訓，都無法讓他們意識到自己的方法需要改進。他們既不是貧窮，也不是沒有父母之愛，但是就是因為沒有接受過良好的教育，所以是無知而又頑固。就貧窮且勞苦的城裡父母來說而言，這些缺點自然產生了大得多的危害。

　　然而就算是受過高等教育、盡職盡責並且平時沒那麼忙碌的父母，他們的子女在家裡也無法像在幼兒園當中那樣，學到

如此多他們所需要的東西。首先，他們在家裡不能獲得和別的同齡人的夥伴關係。這樣的家庭一般都是小家庭，於是，孩子很容易受到長輩的過多照顧，以致有變得神經質和早熟的可能。再說家長們不具備能夠讓他們有把握的管好眾多孩子的經驗，只有那些比較富裕家庭才可以提供最適合幼兒的空間和環境。如果這些條件專為某一家的孩子提供，有可能助長孩子的優越感和炫富心，在道德上這是非常不利的。由於上述原因，我主張只要在家的附近有合適的學校，就算是最稱職的父母，也應該把他們大於 2 歲的孩子送去學校，至少讓孩子在那裡度過一天裡的一部分時間。

現在，按照父母的狀況不同，幼兒園可以分為兩種：福祿貝爾學校和蒙特梭利學校，面向的是富家子女；少量的幼兒園，是為貧家子女開設的。後者裡面最有名的莫過於麥克米倫小姐開辦的學校，前面提到的那本書曾經介紹過。每個關愛兒童的人都應該讀一下這本書。我個人現在相信，現有的那些面向富家子女的學校，沒有哪所可以和她的學校相比，這一部分是因為她學校裡擁有更多的孩子，另一部分是因為她可以不理會那些自命不凡的中產階級對教師的吹毛求疵。她的目標是，盡量照顧孩子們從 1 歲一直到 7 歲，即使教育當局更傾向於這種意見：年滿 5 歲的兒童就應該上普通的小學。孩子們上午 8 點到校，一直在學校待到晚上 6 點；一日三餐都在這裡吃。孩子們應該在戶外活動上花盡可能多的時間，即使在室內也要盡情的呼吸新鮮空氣。一個孩子在被學校接受之前要接受醫學檢查，如果有某種疾病，就盡可能在診所或醫院接受治療。入校

以後，孩子們幾乎全都變得健康，並且會一直保持健康。學校裡有一個美麗的大花園，孩子們會在那裡玩耍很久。教學基本上採用的是蒙特梭利的方法。孩子們在晚餐之後都要睡覺。即使在夜晚和週日，他們不得不留在家徒四壁的家中，甚至要和喝得爛醉如泥的父母一起住在地下室裡，然而他們的體格和智力和那些最出色的中產階級兒童相比也毫不遜色。以下是麥克米倫小姐描述的她學校裡的 7 歲學生：

他們差不多都是出落得高大、挺拔的孩子。的確，即使身材不是很高，也都個個昂首挺胸。這些孩子幾乎都很壯實、勻稱，擁有明亮的眼睛、柔順的頭髮和乾淨的皮膚。就平均水準來說，他們和中產階級上層那些體型最好的富家子女相比，還是要略勝一籌的。和他們的體格有關的就說這些吧。在精神上，他們機敏、友善，充滿了對生活的憧憬，並渴望體驗新的事物。他們可以完美或者近乎完美的進行閱讀和拼寫。寫作頗佳，可將自己的想法順暢的表達出來。他們的英語流利，法語也很熟練。他們不僅可以自立，數年當中還為自己小的孩子提供幫助。此外，他們會計算，會測量，會設計，已經為科學知識的學習做了很多的準備。他們初入校園的那幾年在充滿安寧、關愛和樂趣的氛圍裡度過，最後的兩年時光，則充滿了有趣的體驗和嘗試。他們在一處園子裡栽種、澆灌，照料各種植物和動物。7 歲的孩子們還可以唱歌、跳舞，做各式各樣的遊戲。數以千計如此的兒童即將邁入小學的大門。應該怎樣對待他們呢？我首先要講的是，這樣的來自社會底層的、乾淨而強健的年輕生命，如雨後春筍般冒出，這一定會讓小學教師們的

工作有所改變。幼兒園或者是一種沒有任何價值的東西，換句話說，是一種新的失敗；或者很快會對小學乃至中學產生影響。它會提供一種有待進一步的教育的新型兒童，這不僅遲早會對所有的學校產生影響，還會對我們的社會生活產生的影響，對為民眾所建構的政府及法律的類型產生影響，對我國和別的國家的關係產生影響。

這些說法我不認為是誇大其詞。如果普及了幼兒園教育，就可以在一代人之內將教育上的極大差別消除，現在，這種差別劃分了不一樣的階級；就可以讓每個人都共用精神和身體上的發展，這種發展現在僅限於那些最幸運的那些人所享有；就可以將疾病、愚昧和邪惡所造成的沉重負擔消除，正是這種負擔，現在讓進步的腳步步履維艱。1918 年《教育法》規定幼兒園本來應該由政府撥款來推動建設的；但是在「格迪斯大斧」頒布以後，在政府看來，建造巡洋艦和新加坡港又是更加重要的事情了，因為這是有利於對日本作戰的。目前，政府每年在自治領含防腐劑的奶油和培根而非丹麥的純質奶油的進口上花費了 65 萬英鎊，並誘導民眾食用這些有毒的食品。為了實現這一目的，我們的孩子不得不遭受疾病、困苦還有蒙昧，而如果能將這 65 萬英鎊花在幼兒園上，那麼一大批孩子就此倖免。現在母親們已經擁有了投票權，她們會在有朝一日明白運用這種權利，來為自己的孩子謀取利益嗎？

將這些泛泛之論拋開不談，我們還得清楚：給予幼兒正確的照料，是一項需要高度技巧的工作，不能完全指望父母可以做得很到位；而且這項工作又和日後的學校教育完全不一樣。

我們這裡再次引用一下麥克米倫小姐的話：

「幼兒園裡的孩子體質非常好，不僅遠遠強於貧民區鄰居家的孩子，就算那些所謂的『上等人』，也就是住在富人區的、體型非常好的中產階級兒童，也比不上他。顯然，對孩子來說，只有父母之愛和『父母責任』。只靠經驗行事的做法現在完全行不通了，沒有知識作為基礎的『父母之愛』也完全行不通了。然而兒童教育並沒有失敗，這是一項高度技術化的工作。」

關於資金的問題，麥克米倫小姐這樣說：

目前要運作一所擁有 100 名兒童的幼兒園，每人平均費用是每年 12 英鎊，就這個金額而言，就算是最貧困地區的家長也可以負擔三分之一。那些僱學生當職員的幼兒園開銷要多一些，不過增加的費用大多數是付給了這些未來教師的報酬還有生活費。一所擁有約 100 名兒童和 30 名學生的露天幼兒園及訓練中心，全部計算在內的話，每年的費用差不多是 2,200 英鎊。

這裡不妨再引用一段：

幼兒園的一大好處是，可以能讓孩子更快的將目前的課程完成。這樣的話，等他們在現今的小學念到一半或三分之二的時間，就可以做繼續學習更高等的知識準備了……一句話概括，如果幼兒園不只是一個「照看」小孩到 5 歲的地方，而是一個真正的教育場所，那麼它將極為有力而且迅速的對我們的整個教育體制造成影響，它會讓各級學校的文化和學識所可能達到的水準迅速提升，在這方面小學是排在最前面的。它會證明，我們生活的這個世界，這個混亂的、充斥著疾病和苦難

的世界，這個讓教師這個職業和醫生相比黯然失色的世界，是可以一掃而光的。它將讓人們視這樣的學校為怪物：森嚴的大門，厚重的圍牆，堅硬的操場，龐大而陰暗的教室 —— 這些本來就是怪物。它將為教師們提供極大的機遇。

幼兒園的地位，處於早期的品性培養和後來的學校教學之間。在幼兒園裡，這兩件事相輔相成，雙管齊下，伴隨著孩子長大。教學所占據的比重越來越大。蒙特梭利女士正是在一種具有類似功能的機構中讓其方法得到了完善。羅馬有一些寬敞的經濟公寓裡專門為 3 到 7 歲的孩子劃分出一個大的房間，而蒙特梭利女士就受託對這些「兒童之家」進行管理。和在德普特福德類似，這些孩子都是來自於那些最貧窮的家庭，而結果也可以顯示，早期的關愛是可以將惡劣的家庭條件為孩子的身心所造成的負面影響克服的。

有一點值得注意，那就是自塞甘時代以來，幼兒教育方法上的進步，是從對白痴和弱智的研究中來的。在某些方面，這兩種人的心智上還是嬰幼兒。我相信，之所以有必要採取這種迂迴方式，是因為人們覺得精神病人的愚鈍不該受責備，也無法透過懲罰來治療；任何人都不會相信阿諾德博士的鞭笞之法可以將他們的「懶惰」治好。因此，他們得到了科學的而不是憤怒的對待；即使他們無法理解，也不會有氣急敗壞的教師衝著他們大發雷霆，並告訴他們應該為自己感到羞恥。如果人們可以能讓自己在對待兒童時所採取的，是一種科學的而非道德說教的態度，他們早就會發現現在那些和兒童教育方式有關的知識，而不用先去對精神缺陷進行研究。「道德責任」的觀念

要為許多罪惡負「責任」。假設有兩個孩子，一個幸運的進入幼兒園，另一個則留在一點希望都沒有的貧民區生活。

如果第二個孩子長大以後，生活沒有第一個孩子體面，那麼他該負「道德責任」嗎？因為無知和疏忽，他的父母沒有能教育好他，他們該為此承擔「道德責任」嗎？在貴族學校裡富家子弟被訓練成了賣李鑽核、顢頇昏瞶之輩，以至於他們寧願要自己過那聲色犬馬的生活，也不想創造一個幸福的社會，他們要承擔「道德責任」嗎？所有這些人都可以說是環境的犧牲品，他們在幼年時品性遭到了扭曲，在學校裡理智又受到了妨害。他們本是能夠免於這些不幸的，只因為他們沒有那麼幸運，就橫加指責他們，認定他們應該承擔「道德責任」，這是沒有任何益處的。

教育跟別的人類事務一樣，要想獲得進步，只有一條途徑，那就是：由愛所引導的科學。沒有科學的愛是沒有力量的；沒有愛的科學是有壞處的。任何一項改善幼兒教育方面的貢獻，都是來自於那些關愛孩子的人做出的，都來自於那些深知科學在這個問題上幫助很大的人。這是我們從女子高等教育中獲得的一項好處：在過去的時候，科學和對孩子的愛共存的可能性極小。科學給予了我們可以塑造年輕人心靈的力量，這是一種非常可怕的、可以被極度濫用的力量；如果壞人掌握了它，就會產生一個比無序的自然世界還要冷酷和殘忍的世界。打著傳授宗教、愛國主義、無畏精神、共產主義、無產階級還有革命熱情的幌子教育兒童，就可能教導出來一個盲從、好鬥還非常殘忍之人。教育一定要由愛激發，又一定要以培養孩子

的愛心作為歸宿。否則科學技術的進步越大，教育容易造成的
禍害也就越大。關愛兒童業已經作為一種有效的力量在社會上
存在，嬰兒死亡率的降低和教育的改善就是最明顯的證據。不
過這種力量還非常的弱小，否則我們的政治家們就不敢為了實
施他們殺戮和壓迫的罪惡計畫，而將無數兒童的生命和幸福；
但是它畢竟已經存在了，並越來越強。而別的形式的愛卻極
少，少得令人吃驚。正是那些對孩子十分疼愛的人，同時又熱
切的希望孩子將來能夠在戰爭中捐軀，而戰爭純屬一種集體的
精神錯亂行為。將對孩子的愛逐漸擴展到對他行將變成的大人
的愛，這難道算得上一種奢望嗎？那些對孩子關愛的人，能不
能學會在孩子長大成人後，繼續給予他一樣的父母式關懷呢？
在讓孩子擁有了強壯的體魄還有充沛的精神後，我們是不是應
該讓他們透過對這個體力還有精力的運用，去創造一個更加美
好的世界呢？或者在他們開始進行這項工作時，我們會驚慌失
措、畏縮不前，並召喚他們回頭是岸，重新接受支配和訓練？
科學對於這兩條路的態度是不偏不倚的：選擇在於愛和恨之
間，不過，恨往往會動用所有冠冕堂皇的言辭來粉飾自己，職
業道德家們倒是很推崇這些言辭。

第十章
智力教育的一般原則

截止現在，我們始終在討論的品性培養，主要是嬰幼兒時期的事情。如果實施得好，應該在孩子 6 歲時就接近完成了。我的意思並非 6 歲以後品性就沒可能變壞了，不良的條件或環境在哪個年齡都可能造成損害。我指的是，只要適當的注意環境，那些受過正確早期訓練的孩子到了 6 歲，就應該擁有可以引導他們走向正途的習慣和願望了。

　　在一所學校當中，如果所有的學生都是人生第一個 6 年接受了正確培養的孩子，那麼只要校方稍微有那麼一點的頭腦，這所學校就可以建立一個非常好的教育環境；都沒有必要在道德問題上花費大量時間或心思，因為孩子所需的別的美德，應該是純粹的智力訓練而自然產生的結果。我並沒有言之鑿鑿的斷定這是絕對的法則，而只是將其作為一條引導校方的原則，讓他們明白哪些問題應該著重處理。我堅信，如果孩子在 6 歲之前一直被很好的照料著，校方最好要將重點放在純粹的智力提升上，並由此促成更可取的品性的進一步提升。

　　讓教學受到道德考慮的影響，對於智力來說，並且最終對於品性來說，都不是好事。不應該覺得某些知識是有害的，某些無知就是有益的。所傳授的知識應當是因為智力上的目的而傳授，而不是為了讓某個道德或政治結論得到證明。在學生的眼中，教學的目的，一部分應該是要滿足他的好奇心，一部分是要給予他所需的技能，好讓他能夠獨立的滿足自己的好奇心。在教師的眼中，教學的目的也一定是要為了激發某種能夠有所收穫的好奇心。然而就算學生的好奇心指向了和學校課程沒有任何關係的東西，也千萬不要對其進行阻撓。我的意思不

是學校的課程應該中斷，而是應該對這種好奇心予以讚賞，並告訴擁有這種好奇心的學生怎樣在課後的時間將其滿足，比如閱讀圖書館裡的書。

　　說到這裡，應該會有人質疑我的說法，這種質疑應該從一開始就有了：倘若一個男孩擁有的是不健康或者不正當的好奇心，那麼應該怎麼辦？如果他對淫穢行為或關於酷刑的故事感興趣，那麼應該怎麼辦？如果他一門心思想窺探他人的舉動，那麼應該怎麼辦？這樣的好奇心也應該給予鼓勵嗎？要想回答這個問題，我們一定要做出區分。有一點是毋庸置疑的，那就是我們不能聽任這個男孩的好奇心繼續局限在這些不好的方面；不過這並不是說我們要讓他為自己想要了解這些東西而感到罪惡，也不是說我們要設法讓他遠離和這些有關的知識。這種知識之所以吸引力如此之大，差不多就是因為它是被禁止的；而在有些情況時，它會和某種病態的精神狀況連結在一起，這時就需要送醫治療了。然而無論是哪種情形，禁止和道德恐嚇都是錯誤的處理方式。

　　對淫穢事物的好奇心可以說是最常見的，也是最重要的，我們不妨來談一下。如果對孩子而言，性知識和任何別的知識並沒有什麼兩樣，那麼我相信不可能有這樣的事。一個弄到了不雅圖片的男孩，會因為自己有能力做到這種事而洋洋自得，並清楚他那些膽子小的同伴所不知道的東西。如果將關於性的所有知識坦率而得體的告訴他，那麼他對這些圖片也就可能沒有興趣了。如果即使是這樣，一個男孩還是被發現依然存在這樣的興趣，那麼他就需要去接受這方面專業醫生的治療了。治

療應該從鼓勵他完全自由的表達即使是最令人震驚的想法開始，然後告訴他進一步的大量資訊，一點點的提高這些資訊的技術性和科學性，一直到他認為整件事都索然無味為止。當他覺得再沒有什麼更多東西可以了解，而他所知道的東西也不過如此、平淡無奇時，他就被治癒了。

這裡面的關鍵在於，糟糕的並非知識本身，而不過是那種沉溺於某個特殊話題的習慣。要讓這樣執迷的毛病得到矯正，不能一開始試圖強行分散他們的注意力，而要利用對相關的問題的充分討論。於是興趣就會從胡思亂想轉變成符合科學；一旦實現了這一點，它也就可以在別的興趣裡占據其合理位置，也就不再是一種執迷了。我深信，這就是正確的對待狹隘而不健康的好奇心的方式。禁止和道德恐嚇唯一的結果就是適得其反。

儘管不應該將品性的完善列入教學的目的，不過有些特質是十分可取的，對於有效的獲取知識，它們也是不可或缺，可以將這些特質稱為理智美德。這一類的美德應該是智力教育的產物，不過它們的產生應該是作為學習知識的必要條件，而非作為本身就值得追求的美德。我認為這樣的特質主要有耐心、勤奮、專注、精確、好奇心、開放的心態、相信知識難求但是依然可得。這裡面好奇心是最基本的，只要它強烈且指向的目標正確，別的各項也就順理成章了。

然而好奇心是一種略有些被動的特質，所以無法成為整個理智生活的基礎。此外，通常還需要有迎難而上的願望，在學生的心目裡，獲得的知識應該像一種技能，就像在遊戲或者體

操中的技能那樣。我想，這種技能難免部分的只是為了將學校安排的作業完成才需要的；然而如果可以讓學生認為它對於達到某種課外目標也是必備的，那麼就已經獲得了某種極為重要的成果。知識與生活脫節實在令人遺憾，但是這一點在求學的時候是不能完全避免的。對於這種脫節非常難以避免的科目，應該和學生偶爾說一說這科知識的實用性——這裡的「實用性」應該指的是最廣義的概念。即使這樣，我還是要為純粹的好奇心留出廣闊的空間，要不很多極其有價值的知識（比如理論數學）將永無發現之日。我認為，很多知識本身就有價值，不用考慮它們是否可以有什麼應用。我並不希望鼓勵年輕人過於注重一切知識的潛在用途，非功利性的好奇心是年輕人與生俱來的，而且是一種十分可貴的特質。只有當這種好奇心沒有發揮作用時，才應該向諸如可以在實踐中展示技能的欲望求助。兩種動機各行其道，井水不犯河水。

我知道我這裡有這樣一個假設：有些知識的價值並非只在於其實用性，而在於其本身。

這種觀點經常受到挑戰。我看到奧謝（O'Shea）教授就是這樣說的：在歐洲還有東亞的學校裡，一個人如果沒有累積大量的和古代風物有關的知識，都算不上接受過教育，至少算不上是有修養的人。但是在我們國家，我們能馬上接受這樣的觀點：修養並不由單純的對事實的掌握來決定，無論是古代的事實還是現代的事實。這樣的人才是有修養的人：擁有能夠讓他為社會服務的知識和技能，還擁有能夠讓他和友人們相處甚歡的行為習慣。現在在美國教師的眼中，個人生活中，那些對人

際關係沒有用的知識，對於修養以及教育目標都是沒有任何價值的。

　　這種關於舊世界怎樣看待修養的描述當然是一種諷刺。沒有誰會認為單純的事實知識就可以賦予人修養。但是能夠論證的是，修養在一定程度上意味著免受空間上還有時間上的地方本位主義的影響，而這裡面包含著對卓越的尊重，哪怕這種卓越是在另一個時代或另一個國家發現的。我們容易將我們的優越感誇大，認為自己除了要比外國人優越，還比古代人優越；這導致我們對他們的一切都持輕視的態度，這裡面就包括他們要比我們優秀的地方，比如生活的整個審美這個方面。而且我需要說，修養和一種靜觀的能力有關係，去思考或感受，而不能輕舉妄動。這讓我對接受人們所說的那種「實踐」教育理論有些踟躕，這種理論「要求學生實際的去踐行他們所學的東西」。顯而易見，這種方法對年幼兒童是適用的，但是在能夠採用更抽象和理智的方法之前，教育算不上完整。「踐行」星雲假說或法國大革命要耗費很長時間，更不必提還有上斷頭臺的危險。

　　一個接受了足夠教育的人學會了在必要的時候透過抽象來提取意義，並把它們作為抽象概念來使用，只要這麼做對他實現自己的目標有利。如果一個數學家一定要停下來去理解每一步換算的意義，那麼他的工作將永遠都沒有結束的時候；他的方法的重要優點在於運用起來不用這樣的費事。因此，在高等教育中，那種實踐方法好像並不怎麼樣適用。我不禁覺得，實踐方法之所以能流行美國，一部分是因為這樣的一種觀念：所

有的卓越都在於行動，而非思考和感受。這種觀念隱含在我之前引用的對修養的界定中，並且在機械時代實屬自然，這是因為機器只能運作，人們不會期望它可以思考或有什麼感受。但是把人和機器相提並論，基本無法給我們提供一種合理的價值標準，無論這展現了哪種形而上學的思想。

那些擁有真正的求知欲的人，必然會具備開放心態這種特質。只有那種受別的欲望擾亂並自信自己已經掌握了真理的人，才會喪失這種特質。這就是為什麼開放心態在年輕時期比在年長之後更為常見。一個人的活動幾乎一定會和對某個理智上的疑難問題的判斷有密切的關係。牧師是無法對神學做到漠不關心的，軍人也無法對戰爭袖手旁觀，律師自然會覺得罪犯應該受到懲處 —— 除非罪犯付得起大牌律師的酬金，教師會對和自己的訓練和經驗相適宜的特定教育體制表示支持，政治家基本會不由自主的對最有可能給他權位的那個黨派的主義表示支持。一個人只要選定了某個職業，就不能指望他還時時考慮別的選擇是不是更好。因此，開放心態在成年人生活中會受到限制，即使這些限制應當盡可能的少。不過在年輕時期，威廉·詹姆士（William James）所說的「強制選擇」很少出現，所以不怎麼需要「信仰意志」。應該鼓勵年輕人把任何一個問題都看成是開放的，並可以在論證過後拋棄任何一個觀點。這樣的思想自由並不等於行動上也應該完全自由。一個男孩千萬不能因為停了某個加勒比海冒險故事，就自由的跑去大海裡。不過只要他還在接受教育，就能夠自由的覺得當海盜比當教授好。

專注力是一種十分重要的特質，如果不透過教育，很少有人可以獲得。當然，隨著年齡的增長，孩子自然的也會達到相當程度的專注；很小的幼兒不管考慮什麼事情，時間都不會超過幾分鐘，但是他們的注意力會一年比一年集中，一直到成年。即使這樣，如果沒有接受長期的智力教育，他們還是基本無法獲得足夠的專注力。理想的專注力具備的特徵有三個：強烈、持久還有自覺。阿基米德的故事就是一個強烈專注力的典型例子，據說羅馬人攻陷敘拉古城，前來殺阿基米德時，他竟然毫無反應，因為他還專心致志的研究一個數學問題。可以相當長時間的專注在一件事上，對於獲得來之不易的成就，甚至對於理解深奧或者複雜的問題，都是不可或缺的前提。倘若對某件事具有自發的濃厚興趣，那麼自然會有這種專注。大多數人可以長時間的全神貫注在一個機械難題上，不過這種關注本身並沒有什麼用處。關注要具有真正的價值，還一定能為意志所控制。我這裡指的是，如果一個人學習某種知識有足夠的動力，那麼就算這種知識本身是枯燥無味的，那麼他也可以強迫自己掌握它。我覺得高等教育可以賦予人們的，第一個就是這種由意志支配的注意力。舊式教育在這方面是值得稱道的；現代方法能不能成功的教會一個人自願的忍受乏味之事？對此我是持懷疑態度的。不過，如果現代教育實踐裡的確有這種缺陷，也絕不是無法補救，我將在後面討論這個問題。

　　勤奮和耐心當是良好教育的結果。以前認為在大部分的情況下，只有透過遵行外在權威所強加的良好習慣，才可以擁有這些特質。這種辦法當然是有奏效的時候，就像馴馬時能夠看

到的那樣。但是我覺得，激發人們克服困難的勇氣是更好的辦法，為此，我們不妨將困難劃分成不一樣的等級，好能在一開始的時候，人們就可以相當輕鬆的獲得成功的喜悅。這可以讓人體驗到堅持下來的回報，從而讓所需要的恆心逐漸增強。知識難求但是依然可得的信念也完全適用這個的說法，因為培養這種信念的最好的辦法是，引導學生將一系列經過認真分等的問題解決。

和對注意力的自覺控制一樣，精確可能也是容易為教育改革家們所忽視的一種特質。巴拉德（Ballard）博士明確的指出，我們的小學雖然在大部分方面有了很大的改善，但是在這方面卻是退步了。他是這樣說的：

在上個世紀的 80 年代和 90 年代初，在年度考核中，學生得接受很多的測試，而這些測試的結果需要作為撥款的依據清單上報。如果今天對同樣大的兒童進行同樣的測試，成績一定會是普遍而明顯的下降。無論我們對此怎麼樣解釋，事實都是不容置疑的。整體來說，我們的學校，至少我們的小學所做的工作，比不上四分之一個世紀之前精確。

對於這個問題，巴拉德博士的論述十分精闢，對此我沒有什麼能夠補充的。不過我打算再引用一下他的結語：

在進行諸般演繹以後，它（即精確）依然是一種崇高且可以鼓舞人心的理想。它是理智所遵循的道德準則：它對理智在追求自身的合適理想時應當致力於什麼進行了規定。因為我們在思想、語言還有和行為上的精確程度，大體能夠衡量我們對真理的忠實達到了什麼程度。

讓那些主張現代方法的人覺得困難的是，現在所教導的精確基本等同於枯燥，如果教育可以變得有趣起來，那麼將會是一大進步。不過這裡我們一定要做出區分。純粹由教師所施加的枯燥是根本不可取的，學生為了實現某種抱負而甘心忍受的枯燥就是可貴的，只要不過度。激發學生追求那些較難實現的願望，比如閱讀荷馬史詩、拉好小提琴、弄懂微積分等，應該是教育的一部分。所有的這些活動都各自有其精確的標準。那些擁有接觸才華的孩子為了掌握某種夢寐以求的知識或技能，願意忍受無窮無盡的乏味，願意接受嚴苛的訓練。而那些資質平平的孩子，倘若有人給予他們充滿鼓勵的教誨，也會可以激起他類似的抱負。教育的動力不應該是教師的威嚴，而應該是學生的求知欲；但是這樣說的意思並不是在每個階段教育都應該是容易、輕鬆和愜意的。這特別適用於和精確有關的問題。學習精確知識容易讓人感到厭倦，但是這是每一種卓越都不可或缺的，這一事實能夠透過恰當的方法讓孩子理解。現代方法只要在這方面沒有成功，它們就是存在缺陷的。跟在別的很多事情上類似，在這件事情上，抵制糟糕的舊式教育已經趨向於一種過度的寬鬆，這種寬鬆一定要為一種新式的教育讓位；舊式教育十分強調外在的權威，而相比之下，新式教育對內在的和心理的因素更加注重。精確就是這種新式教育方法在注重理智的表現。

　　精確有很多種，每種都自有其重要性，主要的精確有這樣幾種：肌肉的精確、審美的精確、事實的精確以及邏輯的精確。所有孩子都可以理解肌肉精確在多重方面的重要性，一

個健康的孩子用盡一切閒置時間所掌握的身體控制，就是需要肌肉精確的，而後可以決定孩子在夥伴裡聲望的遊戲，同樣需要肌肉精確。不過它還有別的一些和學校教學關係更密切的形式，比如良好的書寫、清晰的講話、正確的演奏樂器等等。一個孩子會根據他所在的環境的不同而認定這些東西重要與否。審美精確界定很難，它關係到產生情感的合理刺激的恰當性。培養一種重要形式的審美精確，一種方法是讓孩子透過背誦來學習詩歌，比如為了表演而背誦莎士比亞的作品，如果他們出了錯，就要讓他們感到原文為什麼是更好的。我認為在美感普遍存在的地方能夠看到，孩子們掌握了各種傳統的表演方式，比如唱歌和跳舞，他們以此為樂，但一定要以傳統為基礎來進行完全正確的表演。這可以讓他們意識到細微的差別，而對精確而言，這是至關重要的。我認為，唱歌、跳舞和表演是培養審美精確最好的途徑。繪畫則要稍微差一點，因為繪畫容易按照和模型的相似度進行評判，而非按照審美的標準。誠然，人們期望套路化的表演也是在再現模型，不過這種模型是按照審美的動機創造的；它之所以被模仿，是因為它本身就是優秀的，而不是模仿是優秀的。

　　單純的追求事實的精確真的是無聊透頂的。把英國歷代君王的年代，或者各郡及其首府的名字都記住，是最能使學生望而生畏的事情之一。更好的辦法是，透過興趣和重複來得到事實的精確。我從來沒有記住過那些海角的名字，但是在 8 歲的時候，我已經差不多知道所有的地鐵站了。如果讓孩子們看一部描寫一艘輪船環繞海岸航行的影片，他們很快就能將那些海

角都記住。我並不是覺得它們值得記住，但是假如是值得記住的，那麼這就是正確的教學方法。所有地理知識都應當在電影院裡講授，剛開始教歷史時也應當這樣。一開始的費用固然很大，但是並不是政府不能承受之重。再說如果採用了這種方法，那麼教學的簡便易行其實也是一種節約。

至於邏輯的精確，要在以後才能獲得，不應該逼年幼的孩子去學。背會乘法表自然屬於事實的精確，這個要到非常靠後的階段，才會轉換成邏輯的精確。數學是這方面教育的自然手段，不過倘若讓數學以一系列任意規則的面目出現，它就會喪失這種作用。規則一定要記住，但是到了一定的階段，為什麼會產生這些規則，原因也一定要明瞭；如果不是這樣，數學就沒有任何教育價值可言。

接下來我要說一個在分析精確時已經出現的問題：即使所有的教學都變得十分的有趣，這在多大程度上是可能的或者可取的。過去的觀念認為，教學大多時候一定是枯燥的，要想讓普通的男孩做到持之以恆，只有嚴厲的權威。（一般的女孩則任其保持無知。）現代的教育觀念則主張教學能夠是充滿快樂的。舊觀念和現代的教育觀念相比，我更贊同現代的教育觀念，但是我覺得，現代的教育觀念還是為某些局限所制，特別是在高等教育方面。我要先討論一下現代的教育觀念中的正確部分。

現代的幼兒心理學家都對不催促幼兒進食或睡眠的重要性非常重視，認為這些事情應該讓孩子自覺去做，而不應該是強制或誘哄的結果。我自己的經驗完全證明了這種教育方法

是正確的。一開始我們不了解新的教育方法，於是採用了舊的方法。舊方法特別失敗，現代的教育方法則非常成功。但是，絕不能就此認為在孩子的進食和睡眠方面，現代的家長就什麼都不用做了；事實恰恰相反，他們要盡量的讓孩子養成良好的習慣。開飯要遵循規定的時間來，在吃飯時間，孩子無論吃還是不吃，都必須要坐在那裡，不能玩耍。睡覺要遵循規定的時間，到了時間孩子就一定要到床上躺下。他睡覺時可以摟著一個玩具動物，但不可以是會叫、會跑或會讓人興奮的玩具。如果那個玩具動物是孩子的心愛之物，那麼家長不妨和孩子玩這樣的遊戲：這個動物累了，孩子一定要讓牠睡覺。接下來就讓孩子自己待著，一般他不久就會入睡。但是千萬不能讓孩子認為你盼著他吃飯或睡覺，這會馬上讓他認為你是在求他幫忙；這會讓他擁有一種權力感，從而導致他越來越需要誘哄或懲罰才能吃飯或睡覺。他之所以吃飯或睡覺，應該是因為他想要吃飯或睡覺，而非為了取悅你。

　　顯而易見，這種心理在很大程度上也是適合用在教學裡的。如果你硬要對一個孩子施教，他就會覺得你在要求他做某件他不喜歡的事來讓你高興，牴觸心理就此產生。如果一開始就有這種牴觸心理，那麼就會一直存在；到了年齡大一些的時候，孩子固然有顯著的通過考試的願望，並且會為了這個而付出努力，不過他這麼做絕對不是單純的因為對知識的興趣。相反，如果你能先將孩子的求知欲激發出來，然後再把他想要獲得的知識作為一種恩惠給他，那麼就是一種完全不一樣的情況了。所需要的外在管束將會大為減少，讓孩子保持注意力也

就算不上什麼難事了。要讓這種方法獲得成功，一定要具備某些條件，蒙特梭利女士就成功的在非常小的孩子裡創造了這些條件。

孩子的作業一定是要吸引人並且不怎麼難的，最初一定要有處在稍高階段的別的孩子來做榜樣；同時覺得不能讓孩子為別的明顯更加有趣的事情所影響。如果孩子有許多種事情可做，那麼他就會選擇任何自己喜歡的事，並自己將它完成。幾乎這種情況下的所有孩子，都是非常快樂的，並且在 5 歲之前，就可以輕鬆的掌握閱讀和書寫。

對於年齡更大的孩子來說，同樣的方法在多大程度上能夠起作用，是一個存在爭議的問題。隨著孩子的越來越大，他們可以回應那些更長遠的目的，所以不再需要每個細節都飽含趣味。但是我覺得，這個整體原則是對任何年齡都適用的：教育的動力，應該來自於學生。環境應當對將這種動力激發出來有幫助，並讓枯燥和孤獨對於學習來說是可供選擇的東西。無論是在什麼情況下，只要是偏好這種選擇的孩子，就應該允許他做出這樣的選擇。關於單獨活動的原則能夠得到延續，雖然在幼兒期過後，一定量的班級活動彷彿是必不可少的。但是如果一定要透過外在的權威來讓孩子學習，除非有醫學上的原因，否則十有八九是因為教師存在過錯，或者之前的道德教育十分糟糕。如果一個孩子在 5 歲或 6 歲之前，始終都接受著恰當的訓練，那麼在這以後，任何一位稱職的教師，都應當可以激發他對學習的興趣。

這一點如果可以做到，將會有極大的好處。教師將會和學

生成為朋友，而不是「敵人」。孩子將會學得更快，因為他和教師同心協力。他學習時會很少感到疲倦，因為他用不著時刻逼著自己控制滿含厭煩和牴觸的注意力回到學習上。同時這還培養了他的個人主動性。因為這些好處，這樣的設想彷彿是具備一定的價值的：學生可以在其自身欲望的驅使下學習，而不用教師施以強制。如果發現有少數人使用這種方法沒有奏效，那麼能夠將這些人分離出來，再用別的方法進行教導。不過我相信，上面的這個方法是普遍適用於孩子的智力教育的，不能奏效的情況極少。

因為討論精確時已經說過的那些原因，我不相信可以讓一種真正深入的教育變得完全有趣。不管人們對某一學科的求知欲有多麼的強烈，都一定會發現這一學科的某些部分是十分枯燥乏味的。不過我相信，如果給予適當的引導，就可以讓孩子意識到學習這些乏味部分的重要性，並在不用強制的情況下將它們學完。我覺得應該利用稱讚和責備來作為激勵因素，按照孩子在安排的任務上的表現優劣予以賞罰。學生是不是具有必要的技能，應該像在遊戲或體操中那樣一目了然。教師應該將某學科的枯燥部分的重要性講明。如果所有這些方法都不能奏效，則那麼只能把這個孩子歸入愚鈍一類，和才智正常的孩子分開教育，但是有一點一定要注意，那就是不要讓這種做法看起來像是一種懲罰。

除了在那些極少數的情形中，就算孩子的年紀還小（比如4歲），也不應該讓父母來充當教師。教學這項工作是需要一定特殊類型的技能的，誠然，可以學習這種技能，然而大部分的

家長都沒有學習的機會。學生的年齡越小，需要教師的教學技能就越高。除此之外，在正式教育的開始前，因為家長經常接觸孩子，所以孩子對父母形成了很多習慣和期望，對教師則不會這樣。

而且，家長容易過於關心和渴望自己孩子獲得進步。孩子聰明，家長就心花怒放；孩子愚笨，家長就氣急敗壞。父母不能教育自己的孩子，和醫生不能治自己的家人是同樣的道理。當然，我的意思並非家長連那種自然而然的施教都不應該有；我只是說他們一般不會是教授學校正式課程的最佳人選，即使他們可以完全勝任對別人的子女的教學。

在孩子的整個教育期間，應該有一種理智上的冒險意識貫穿始終。這個世界到處都是令人困惑的事物，只要鍥而不捨，就可以理解它們。茅塞頓開的感覺是非常讓人歡欣鼓舞的，每一位出色的教師，都應該可以讓學生產生這種感覺。蒙特梭利女士對她的學生們學會書寫後的那種快樂進行過描述，我還記得我第一次讀到牛頓從萬有引力定律推出克卜勒第二定律時，我的心簡直可以說是陶醉了。如此純粹和如此有益的愉悅是很少有的。主動且獨立的學習可以讓學生獲得發現的機會，所以和在課堂上講授所有的內容相比，這樣的學習可以讓學生的冒險意識更平常，也更強烈。盡量讓學生主動的求知，而不是被動的受教，這乃是讓教育成為一樁樂事，而不是一種苦役的訣竅之一。

第十一章
14 歲前的學校課程

學校應該教什麼？應該怎樣教？這是兩個關係十分密切的問題，因為如果可以構想出更為合適的教學方法，那麼學生可以學到的就會更多。如果學生願意而非厭惡學習，那情況更會是這樣。我已經討論過了這個方法，在後面一章我還會繼續說到的。接下來我暫時假設已經應用了所能想到的最佳教學方法，需要考慮的只是應該教什麼的問題。

　　當我們思考一個成年人應該知道些什麼，立刻就能意識到：有些東西應該是盡人皆知的，而有些東西則只要有一些人知道就行了，別的人用不著了解。有的人需要掌握醫學知識，但是對於大部分人而言，掌握基本的生理學和衛生學知識就足夠用了。有的人要精通高等數學知識，但是對那些不怎麼喜歡數學的人而言，明白一些最簡單的原理足矣。有的人需要熟練掌握演奏長號的技巧，不過萬幸的是，並非所有的學生都要練習這種樂器。整體來說，在孩子 14 歲之前，學校的教學內容應該是那些所有人都應該了解的知識；除了特殊情形以外，專業化教育應該在這之後進行。不過話說回來，發現孩子的特長，應該是 14 歲前教育的一個目標，這樣孩子的特長就能夠在今後得到悉心的培養。所以合適的做法是，任何一個人都應該學習各學科的基礎知識，那些不太擅長某一學科的人，就不用繼續深造這一學科了。

　　在確定了每個成年人應該擁有什麼樣的知識後，我們還要確定一下各學科的教學順序；我們這裡應該自然的按照各學科間的相對難度，先教那些最容易掌握的學科。這兩個原則很大程度上決定了小學時期的課程。

　　我這裡有個假定，5歲的孩子已經知道怎樣閱讀和書寫，這一點是類似蒙特梭利學校這樣的幼兒園，或者任何以後建立的、更加完善的幼兒園應該完成的事。在幼兒園，孩子還掌握了比較精確的感官知覺，掌握了唱歌、繪畫和舞蹈的基本功，擁有了跟很多孩子在一起時也可以專注於某項教育活動的能力。當然，5歲的孩子在這些方面的表現是不可能非常完美的，所有的方面都需要在這以後的幾年當中得到進一步的教導。我不覺得還不到7歲的孩子應該從事任何需要高強度腦力勞動的活動，但是如果擁有了足夠的技巧，是能夠極大的減少困難的。很多孩子視算術為畏途 —— 我還能想起來自己就曾因為記不住乘法表而嚎啕大哭，不過如果循序漸進、一絲不苟，比如借助蒙特梭利教具，孩子就不會因為數學的深奧而有灰心喪氣的感覺。不過，如果要掌握充分的算術技能，最終還是必須要掌握大量非常討厭的規則。小學各學科要納入一種旨在有趣生動的課程，這是所面臨的最大難題；即使這樣，出於某些實用方面的理由，達到一定程度的熟練還是有必要的。此外，算術可以自然的導向精確：一道加法題的答案要麼是對的，要麼是錯的，絕對不會是「有趣的」，也不會是「有啟發的」。這讓算術成為早期教育中一個重要的組成部分，無論它有什麼樣的實際用途。然而它的困難應該被周密的分成不一樣的等級，化整為零、由淺入深；每次用在學習算術上的時間也不宜太長。

　　在我小的時候，所有學科裡教學水準最差勁的是地理還有歷史。地理課讓我打怵，歷史課其實還可以忍受，然而那不

過是因為我向來都喜歡歷史。實際上，這兩門課是可以教得讓年幼的學生心馳神往的。我兒子雖然從來沒有上過學，但是他的地理知識豐富程度卻已經遠超過他的保姆。他之所以具備了這些知識，是因為他喜歡火車和輪船，而這兩樣東西是基本所有的男孩都會喜歡的。他渴望了解自己想像中那些輪船所要走的航線，當我和他將前往中國的各段行程時，他會聽得全神貫注。而後只要他想要看圖片，我就給他看沿途各個國家的圖片。有時他非要翻出大大的地圖冊，在地圖上查找相關的路線。他每年坐火車從倫敦到康瓦爾兩次，這其間的旅途讓他興致盎然，火車都停靠哪些車站、各節車廂在什麼時候脫離，這些他都如數家珍。他痴迷於南極和北極，同時還為為什麼沒有東極和西極困惑不已。

他知道法國、西班牙還有美國在大洋彼岸的什麼方向，還對在這些國家能看到些什麼頗為了解。所有這些知識的獲得都沒有依賴大人的教導，而是他熱切的好奇心的成果。一旦結合了旅行的觀念，幾乎所有的孩子都會對地理產生興趣。如果我來做地理教師，我的教學將主要是這樣的形式：主要透過影片來將旅行者的旅途所見展示，以圖片和旅行者的故事作為輔助。地理知識是有用的，不過缺乏理智上的內在價值；但是在地理知識透過圖片而變得十分生動直覺時，它就具備了培養想像力的價值。了解了有的國家驕陽似火、有的國家地凍天寒、有的國家群山連綿、有的國家一馬平川，了解了有黑色人種、黃色人種、棕色人種、紅色人種還有白色人種，將是一件十分有益的事。這類知識能夠減少熟悉的周邊環境對想像力的束

縛，並可以讓孩子在今後的生活中覺得遠方的國家是真實存在的，否則如果不去實地旅行的話，這種感覺是很難獲得的。因此，在幼兒的教學中，我要講授大量的地理知識，我不相信孩子們會討厭這門學科。隨後我會發給他們一些書籍，這些書籍裡包含圖片、地圖和世界各地基本資訊，再讓他們收集介紹各國特點的短文。

　　這些適合地理的教授方法更適合歷史，不過孩子要年齡稍長些才可以學習歷史，因為時間意識在早先還沒有成熟。在我看來，孩子在 5 歲上下開始學習歷史是有好處的，一開始可以閱讀配有大量圖片的名人軼事。我在那個年紀的時候，就有一本講述英國歷史的圖畫書。瑪蒂爾達（Matilda）皇后在阿賓頓踏冰越過泰晤士河的故事，讓我留下了如此深刻的印象，以致後來 18 歲的我穿越泰晤士河時還有些緊張，總感覺史蒂芬國王在我的身後窮追不捨。我相信，不會有哪個 5 歲的男孩會對亞歷山大大帝的事蹟無動於衷。至於哥倫布的故事，或許更多的是屬於地理的而不是歷史的；我能夠證實，未滿 2 歲的孩子就會對哥倫布有興趣，至少那些知道大海的孩子都是這樣的。孩子到了 6 歲時，他應該已經能夠學習世界簡史了，給他用的書籍，差不多應該採用威爾斯（Wells）先生或者房龍（Hendrik Willem van Loon）先生那樣的寫法，進行必要的簡化也可以，並配上圖片，如果條件允許，使用影片也是可以的。如果孩子住在倫敦，那麼不妨帶他去自然歷史博物館參觀各種珍禽異獸；不過我不會在孩子 10 歲之前帶他去大英博物館。教歷史時一定要注意的是，絕對不要將我們自己感興趣的那些方面強

加在孩子身上，直到孩子成熟到能夠理解它們。孩子最初就對兩個方面的東西產生了興趣：一個是比如從地質時期到歷史時期，從野蠻時代到文明時代之類的整體進程；一個是出現飽含同情心的英雄人物的歷史事件，這些事件被他們當作戲劇故事來看。不過在我看來，我們應該牢記這一觀念，將其作為指導思想：進步是緩慢而曲折的，往往為我們承襲自動物那裡的那種野蠻性所妨礙，但是透過知識，進步一點點的將我們引向對自身和環境的掌控。這一觀念的意思是，作為一個整體，人類在同時和外部的混亂和內部的愚昧作爭鬥，微弱的理性之光越來越強盛、大放光明，將漫漫長夜驅散。應該將不同種族、不同民族、不同信仰之間的隔閡視為愚蠢之舉，這些只會讓我們在對混亂和愚昧的爭鬥中分裂，而唯有這種爭鬥，才算得上真正的人類活動。

假設我來講授上面的這些觀念，我首先會給出關於這一主題的例證，至於主題本身，就算要講，也會放在後面。我會展示寒風中的野蠻人瑟瑟發抖，啃食著地上野果的情景；我會展示火的發現還有其影響，與此相關，正好說一說普羅米修斯的故事；我會展示農業在尼羅河流域是如何開端，還有羊、牛和狗是如何馴化的；我會展示船舶的發展歷程，從獨木舟到巨型郵輪，還有從穴居人的聚落到倫敦和紐約這樣的大都市，城市是如何發展的；我會展示古希臘的曇花一現、古羅馬的波瀾壯闊、中世紀的暗無天日，還有科學的翩然而至。所有這些內容，即使是對十分幼小的孩子，也可以將具體的情節講得引人入勝。我不會避而不談戰爭、迫害和殘暴，但是我不會讚賞那

些軍事上的勝利者。我的歷史教學裡面，那些透過自己的行動來消除人類內部和外部黑暗的人 —— 佛陀、蘇格拉底、阿基米德、伽利略還有牛頓，以及所有幫助我們掌控自身或者自然界的人，才是真正的勝利者。因此，我準備樹立這樣的觀念：人類是擁有高貴而壯麗的使命的。倘若我們重蹈前轍，實施戰爭還有別的野蠻行徑，就是背離了這項使命；我們只有在增進人類的支配能力上為世界做出貢獻時，才算得上不辱使命。

　　在校的頭幾年，應該為舞蹈的學習留出一定的時間，舞蹈不僅可以為孩子們帶來非常大的快樂，還會對身體和培養美感有很大的幫助。學會基本的動作之後才能夠教團體舞，這是一種易於幼兒理解的合作方式。唱歌也是一樣道理，即使唱歌應該比舞蹈開始得略晚一些，因為它首先不像舞蹈那樣可以提供運動方面的的樂趣，而且唱歌的基本功練習更難。儘管也是有例外存在的。大部分的兒童都很喜歡唱歌，而在學會了兒歌以後，應該讓他們學習真正的優美歌曲了。先敗壞孩子的品味，而後又試圖之高雅，這是沒有任何道理的，充其量能夠使人變得裝腔作勢。和成人一樣，孩子們的音樂才能也是差距極大，所以，一定要為從較高年級裡挑選出來的一部分孩子，開設難度更高的唱歌課程。

　　對這些孩子而言，唱歌不應該是強迫的，而應當是自願的。

　　文學教育是一件很容易犯錯的事情。不管大人還是孩子，掌握了大量和文學有關的知識，比如知道了詩人的年代及其代表作的名稱等，是沒有任何用處的。只要是可以被編成手冊的

東西，都沒有任何價值可言。熟讀一些範文才是重要的 ——這種熟讀不僅可以對寫作方式構成影響，還會對思維方式產生影響。

　　在過去，英國兒童在這方面從《聖經》中受了益，後者無疑對散文風格也產生了積極的有益影響；但是現代兒童能熟知《聖經》的就非常少了。在我看來，如果沒有背誦，文學作品的作用就會大打折扣。過去提倡將背誦作為訓練記憶力的方法，然而心理學家已經證明，它在這方面的效果微乎其微 —— 如果不是完全沒有效果的話。現代的教育家越來越不重視背誦，不過我覺得他們是不對的，這並非因為背誦對記憶力的提高沒什麼好處，而是因為它具備美化口語和書面語的作用。言辭應該是思想的自然表達，不應該刻意求工；然而在一個已經喪失了基本的審美衝動的社會，為了實現這一點，我相信一定要培養一種只有透過熟知文學佳作才會產生的習慣。這就是我認為背誦重要的原因。

　　但是，只是記住「慈悲並非出自勉強，它像甘霖一樣從天上降落凡塵」、「世界是一個舞臺，所有的男男女女無非是一些演員」之類的話，會讓大部分的孩子覺得厭煩還有做作，從而無法實現背誦的目的。將背誦和表演結合起來的做法更好，因為所有的孩子都喜愛表演，於是背誦就成為孩子進行表演的必要手段。孩子在 3 歲以後就喜歡扮演角色；他們這樣做是發乎自然的，然而倘若教給他們更加精巧的表演方式，他們會欣喜異常。我還記得自己表演布魯圖斯和卡西烏斯（Cassius）吵架的一幕，朗誦下面這句詩時那種強烈的愉悅：

「我寧願做一隻向月亮狂吠的狗，

也不願身為這樣一個羅馬人。」

　　參演《凱撒大帝》、《威尼斯商人》或者別的適合的劇碼的孩子，不僅可以掌握他們本身的角色，也可以了解大部分別的角色。劇情將會久久的停留在他們的腦海裡，並讓他們津津樂道。文學佳作終究還是以怡情為宗旨，如果孩子們無法從中收穫樂趣，也就沒什麼可能從中獲益。所以我認為，兒童早年的文學教學，應該只是學習角色扮演就可以了。此外，孩子應當可以自願的從學校的圖書館借出色的故事書閱讀。現在人們為孩子們寫的讀物愚蠢而又濫情，這是對孩子的敷衍和侮辱。這一點，只需要對比一下《魯賓遜漂流記》的鄭重態度就清楚了。不管是對待兒童還是別的事情，濫情都是不具備設身處地的同情心的產物。任何一個孩子都不會覺得稚氣是可愛的，他們希望自己可以儘早的學會像大人那樣行事。因此，兒童書籍絕對不能用稚氣的方式，來表現一種看起來迎合、實際是倨傲的快樂。很多現代兒童書籍愚不可及、矯揉造作，著實令人作嘔。它們或者讓孩子陷入悶悶不樂，或者讓孩子在心智的成長方面迷失了方向。所以，最好的童書應該是那些雖然是為成年人寫的，但是剛好也適合孩子的作品。是為孩子寫的，不過成年人也愛不釋手的書籍，比如利爾（Lear）和路易斯·卡羅（Lewis Carroll）的作品，只能是一種例外。

　　怎樣學習現代語言是一個很難解決的問題。童年時期能流利的掌握一門現代語言，到後來就再也不能了；所以，我們有充分的理由在孩子小的時候教授語言，如果條件可以的話。有

的人會擔心如果過早的學習外語，是否會對掌握母語造成影響。對這個我不以為然。托爾斯泰和屠格涅夫雖然在幼年時就學習了英語、法語還有德語，但是並沒有影響他們在俄文上擁有高超的造詣。吉朋（Gibbon）用法語寫作揮灑自如，但這並沒有對他的英文風格造成破壞。在整個 18 世紀，任何一個英國貴族年少時都要學習法語，還有很多人學習義大利語；然而他們的英文水準遠超他們的現代後裔。如果一個孩子可以用不同的語言和不同的人說話，那麼他那種設身處地的本能會避免他混淆了各種語言。我小時候是同時學的英語和德語一直到 10 歲，我和保姆和家庭教師說話都是用德語；隨後我又學了法語，並用法語和私人教師和家庭教師說話。我從來沒有將這兩種語言和英語弄混過，因為它們是同在不同的人際關係裡的。在我看來，如果要教一門現代語言，應該選擇以它為母語的人作為教師，這不僅是因為這樣可以讓孩子學得更好，還因為和母語相同的人講外語相比，孩子與外國人講外語會更自然一些。因此我認為，每個小學都應該有一名法國女教師，條件允許的話也應該有一名德國女教師；一開始的時候是個例外的時期，她們不必正式的用自己的語言來教孩子們，而應該和他們交談，一起做遊戲，並讓他們對話語的理解和回答來決定遊戲的勝負。她可以從「雅克兄弟」和「在亞維農的橋上」開始，一點點進行較為複雜的遊戲。透過這樣的方式來學習語言，既沒有任何精神上的疲倦，又充滿了表演的樂趣。另外，和任何以後的時期相比，這個時期學習語言的效果都是最為理想的，並可以節省寶貴的教育時間。

　　到本章所說的年齡階段的最後幾年，比如 12 歲，才可以
開始講授數學還有自然科學。當然，這裡我假設孩子已經學過
了算術，並且某些有趣話題，諸如天文和地理、史前動物、著
名探險家等，已經在學生中間自然而然的流行了起來。不過，
我眼下考慮的是正式教學 —— 代數與幾何，物理和化學。一
部分孩子是喜歡代數與幾何的，但是大部分的學生是不喜歡
的。這個問題，是不是應該完全算在不當的教學方法頭上？對
此我是頗為懷疑的。理解數學的能力和音樂才能一樣，主要是
一種天賦，我確信具備這樣天賦的人鳳毛麟角，甚至即使具備
中等天賦的人也沒有幾個的。即使這樣，為了發現那些數學天
才，還是應該讓所有的孩子都去嘗試一下數學。而且就算有些
學生對數學只是淺嘗輒止，他們依然會從對這門學科的了解中
獲益。良好的教學方法，基本可以讓每個孩子都明白幾何的原
理。代數則不一樣；它比幾何更加抽象，那些思維無法脫離具
體事物的人是根本理解不了它的。如果教學得當，喜歡物理和
化學的人可能會多於喜歡數學的人，雖然這種愛好仍然只存在
於少數年輕人當中。12 歲到 14 歲這一年齡階段的數學還有自
然科學教學，應當都只限於發現孩子是不是具備相應的天資。
當然，這並非一下子就可以弄清楚的。起初我很不喜歡代數，
不過後來我在這方面表現出了一些才能。在有些事例中，孩子
到了 14 歲還無法確定他是否具備才能。如果是這種情況，還
應該將對孩子的試驗持續一段時間。不過在大多數的情況下，
14 歲時就能下定論了。有些孩子確鑿無疑的喜歡並在這些學科
上表現出色，其他孩子則厭惡並在這些學科上表現很差。

一個聰明的學生卻不喜歡數學和自然科學，或者一個有些愚笨的學生卻喜歡它們，這樣的現象是極為罕見的。

　　這些關於數學和自然科學的說法，也同樣適用於古典學科。12 歲到 14 歲這個年齡階段，拉丁文教學應該只到這一程度：足以顯示出哪些孩子對這門學科非常喜歡，並在這一方面具備天賦。在我看來，到了 14 歲，應該按照學生的愛好和天資，開始施行具有一定程度專業化的教育了。在此之前的最後幾年，應該用在將隨後幾年裡要專攻哪一學科這件事弄清楚。

　　戶外活動教育應該是在整個小學期間持續進行的。對富家子女而言，這件事不妨交給他們父母去做，不過對於別的孩子而言，學校就一定要部分的承擔這個重任了。我說的戶外活動教育指的並不是遊戲。當然遊戲也是很重要的，這一點已經得了公認；不過我考慮的是不一樣的東西：和農業生產過程有關的知識、對植物和動物的熟悉、園藝技能、到鄉間觀察的習慣等等。我驚訝的發現，城裡人搞不清楚指南針上的方向，對太陽的運行路線一無所知，甚至都找不出房屋的背風面，甚至有些連牛羊都具備的知識，城裡人都缺乏。這是完全在城市生活的結果。如果我說這就是工黨無法在農村選區獲勝的原因之一，人們可能會覺得這未免有些荒唐。不過這絕對是城市人和所有原始而根本的事物徹底絕緣的原因。這讓他們的人生態度變得淺薄、瑣碎、輕浮 —— 固然並不是始終這樣，但是是常常這樣。季節和氣候、播種和收穫、作物和牲畜，都跟人類有重要的關係，只要我們無法徹底的脫離大地，任何一個人都應該親近並熟悉它們。有了戶外活動，孩子們就可以將這些知識

全部獲得，戶外活動還對健康很有好處，只是因為這個，這些
運動就是值得從事的。城市的孩子去了鄉村時那種歡呼雀躍，
是一種極大的需求得到了滿足的表現。只要這種需求還沒有得
到滿足，我們的教育制度就不能稱為是完善的。

第十二章
最後的學年

在我看來，15 歲那年的暑假過後，那些想要展開專業化學習的孩子就能夠如願以償了，而大多數孩子都會是這樣情況。如果孩子還沒有確定的偏好，那麼最好是將其接受全面教育的時間延長。而如果孩子的表現十分優異，那麼不妨提前專業化教育的開始時間。教育中的一切規則，都應該是能夠因為特殊的原因而破例的。但是我主張作為普遍的規則，智力在平均水準以上的學生應該在 14 歲上下開始專業化的學習，而在平均水準之下的學生一般沒有必要在學校接受專業化教育，除了是接受職業訓練。在這本書裡，對這個話題我沒有談任何看法。但是我不相信應該在 14 歲之前開始職業訓練，即使到了 14 歲，我也不相信職業訓練應該將學生的所有上學時間都給占滿了。我沒準備討論它應該占去多少時間，或者接受這種訓練的應該是所有的學生還是一部分。這些問題所引出的經濟和政治議題，和教育只有間接的關係，並且不是三言兩語就能說清楚的。所以我在這裡我只討論 14 歲以後的學校教育。

學校的課程被我分為三大類：(1) 古典學科 (2) 數學和自然科學 (3) 現代人文科學。最後一類裡面包括現代語言、文學還有歷史。在每個分類裡面，學生在畢業之前可能會進一步專業化，不過我假定這種專業化不會發生在 18 歲以前。顯然，修習古典學科的學生都一定會學習拉丁文和希臘文，不過一部分人會側重前者，而另一部分有些人會主攻後者。在開始時數學和自然科學應該一起學，不過有些自然科學學科是不用有太多的數學知識也可以獲得不錯的成績；事實上，有很多著名的科學家其實都是蹩腳的數學家。所以到了 16 歲，應當允許孩

子專攻數學或自然科學，不過也不能將沒有選修的那一門完全放棄。類似的看法對現代人文科學也是完全適用的。

有些學科具有極高的實用價值，所有的人都一定要學習，這裡面應當有解剖學、生理學和衛生學，學到滿足成年人日常生活所需的程度就可以了。但是這些科目可能應該在更早的階段學習，因為它們和性教育存在自然的關係，而後者應當盡量在青春期之前展開。有些人反對過早的講授這些科目，他們的理由是如果教得太早，在還沒有用到它們時就把它們給忘了。我想，這個問題唯一的解決辦法，就是教兩次：在青春期之前簡明扼要的教一次，提綱挈領的說一說就行；青春期之後再教一次，這一次就要和關於健康和疾病的基礎知識來結合在一起了。

我認為，所有學生還應該了解議會和憲法，不過在講授這類科目的時候，一定要注意，不能淪為政治宣傳。

關於教學方法和教學宗旨的問題要比課程的安排更為重要。這方面的主要難題是，怎樣才能兼顧教學內容的趣味和難度。嚴謹而細膩的研究，應該再配合和關於所研究內容的通論性書籍和講座。在開始對古希臘戲劇進行研究之前，應該讓學生先去閱讀吉爾伯特・默里（Gilbert Murray）或別的有詩才的翻譯家的譯文。數學則不妨偶爾利用講座讓上課形式多樣化，講座的內容可以是數學發現的歷史、數學各分支對自然科學還有日常生活的影響等等；還要對學生進行暗示，在高等數學中，是能夠發現讓人愉快的東西的。同樣，對歷史的細膩研究也應該用一些精當的概論作為輔助，即使這些概論裡面有一些

值得懷疑的結論。教師可以告訴學生，這些結論可能是有問題的，並鼓勵他們進行思索：他們現在所掌握的詳情對這些結論是支持的還是拒斥的。自然科學方面，讀一下概述新近研究的科普著作是有必要的，這樣可以了解個別事實和規律所服務的一般科學目標。所有這些對促進嚴謹和細膩的研究是有幫助的，不過如果用它們來取代後者，那將是有害的。絕對不可以讓學生以為，求知是可以走捷徑的。這是現代教育真實存在的危險，歸因於人們對舊式嚴苛訓練的反動。舊式的嚴苛訓練所包含的腦力勞動並不是壞的，它的壞在於扼殺了理智的興趣。我們一定要想方設法讓學生保持勤奮，但採用的方法應該和舊時的懲戒性方法有所區別。我相信這是可以做到的。在美國能夠看見這樣的人，他們在大學本科時渾渾噩噩、無所事事，但是進了醫學院或法學院就開始刻苦攻讀，因為他們終於能夠做他們覺得重要的事情了，這就是問題的本質了：讓學業成為學生眼中重要的事情，他們就會努力學習。但是倘若教師讓學習變得過於容易，學生會近乎本能的明白教師傳授給他們的這些知識，並不是真正值得擁有的。聰明的孩子願意用難題來測試自己的頭腦。如果教導得當並將恐懼消除，很多現在看起來愚笨懶散的孩子都是能夠變得聰明伶俐的。

在整個教育期間，應該盡量將學生的主動性激發起來。該怎樣激發幼兒的主動性，蒙特梭利女士已經指明了方法，不過對於較大年齡的孩子，我們得採用其他的方法。我想，這樣一點是獲得了開明的教育家們公認的：和一般的做法有別，將自習的時間大幅度增加，同時將上課的時間大幅度減少，雖然應

該讓孩子們在教室裡一起進行自習。圖書館和實驗室應當夠用而且寬敞明亮。應該將學校工作日的相當一部分時間留出來，留給學生們進行自願的自主學習，不過學生應該寫一份說明，內容是對他們研究內容的描述，還要寫一份概要，報告他們都學到了哪些知識。這對記憶有幫助，讓閱讀目標明確，不會雜亂無章，並讓教師可以按照每個學生的不同需求，給予對症下藥的指導。學生越聰明，就越用不到指導。對於那些不怎麼聰明的學生，則一定要給予大量的指導；不過即使是指導這類不怎麼聰明的學生，也應該使用提示、詢問和鼓勵這樣的方式，而非命令。不過，教師也應該指定一些主題，讓學生練習這樣一個過程：查清和關於某個指定主題的事實，並用有條有理的方式把它們表述出來。

在正課以外，還應當鼓勵學生對現在所爭論的重大政治、社會乃至神學問題進行關注；應該鼓勵他們去對這些爭論中的各方意見進行了解，而不是知道正統一方的意見。如果有學生對其中一方的觀點產生了強烈共鳴，那麼應該和他們說怎樣找出支持他們觀點的論據，並且應該讓他們和那些觀點相反的學生進行辯論。以確定真理為目標的嚴肅辯論價值極大。在辯論的過程中，教師一定要記住不能偏向任何一方，即使他或她自己有明確的主張。如果幾乎所有的學生都支持其中的一方，那麼教師就應該對另一方表示支持，並說清楚自己這樣做不過是出於辯論的目的。此外，教師的角色應該只限於出來糾正雙方辯論中事實上的錯誤。

利用這些方式，學生就能明白討論乃是探求真理的手段，

而非靠著如簧巧舌獲勝的比賽。

　　如果我是學校招收高年級學生的負責人，我會認為，迴避或者鼓吹時事焦點都是不可取的。讓學生認為他們所受的教育對他們處理社會熱議的問題有幫助固然是件好事，這讓他們覺得學校教育並沒有與現實世界脫節。不過我不會將我自己的看法強加給學生。在學生面前，我應該以身作則，科學的看待現實問題。我期望他們可以拿出真正是論據的論據，拿出真正是事實的事實。在政治上這種習慣尤其可貴，也尤其稀缺。一切狂熱的政治黨派都會故弄玄虛，以此來確保它的教義安枕無憂。熱情常常會將理智扼殺，相反在知識分子的身上，理智也常常將熱情扼殺。同時避免這兩種不幸，這是我的目標。熱情和理智都是可取的，只要它們不具備破壞性。我認為基本的政治熱情是建設性的，並要想方設法讓理智為這些熱情服務。不過理智所服務的這些熱情一定要是真實的、客觀的，而不能是單純的空想。當現實世界無法讓人滿意，我們往往都會將希望寄託在一個想像世界上；在那裡，不用什麼艱苦努力，就能讓我們的願望得到滿足。實際上這是一種癔症，也是民族主義、神學還有階級神話的根源。它展現了現在世界裡差不多普遍存在的一種人性弱點，將這種人性弱點克服，應該是後期學校教育的目標之一。克服的辦法有兩種，這兩者都是必要的，雖然在某種意義上它們是相互對立的。一種辦法是，讓我們對自己在現實世界裡可以達到什麼目標的判斷力提升；一種辦法是，讓我們對現實在破除我們幻想方面的作用有更清楚的認識。兩者都包含在這一原則裡：不要主觀的生活，要客觀的生活。

　　唐吉訶德是典型的主觀性例子。他第一次做一個頭盔時，對它的抗擊打能力進行了測試，並把它打變了形；第二次做的頭盔他並沒測試，然而「認定」它是一個很棒的頭盔。這種「認定」的習慣可以說是支配了他的一生。但是，只要拒絕面對那些不愉快事實的人，都是屬於這一類的，我們都是唐吉訶德，只是程度不同。假如唐吉訶德在學校裡學過怎樣製作上好的頭盔，又或者他身邊的朋友都拒絕「認定」他所願意相信的東西，那麼他也就做不出這樣的事。習慣生活在幻想裡面，在幼兒時期這是正常且正當的，因為幼兒是有一種非病態的無能的。

　　不過隨著孩子的長大成人，他們一定會越來越清晰的認知到，只有遲早能轉變為現實的夢想才是有價值的。男孩們在相互糾正純粹的個人主張方面是值得表揚的；在學校當中，個人在同學裡想抱有唯我獨尊的幻想是很難的。然而製造神話的力量還會在別的方面活躍，並且往往會得到教師們的配合。「我們的學校是世界上最優秀的學校。」「我們的國家永遠都是正確的，永遠戰無不勝。」「我們這個社會階層（如果自己是有錢的人）要遠比任何其他階層都要優秀。」所有這些都是不可取的神話。它們讓我們「認定」自己有一個上好的頭盔，然而它會被別他人的長劍一劈兩半。於是，這些神話助長了懶惰，最終釀成災難。

　　就像在別的很多情形裡一樣，這種心理習慣要想得到矯正，一定要須用理性預測不幸之事來取代恐懼。恐懼讓人們不想去面對真實的危險。一個太過主觀的人如果在半夜被「著

火了」的喊聲驚醒，可能會覺得必然是鄰居家失火，因為自己家失火這個事實太恐怖了；他可能就此將原本可以逃生的機會失去了。誠然，這種情況只會出現在病態的事例中；然而在政治上類似的行為卻是屢見不鮮。在那些只有透過思考才會找到正確解決途徑的情形中，恐懼成為了是一種災難性的情緒；因此，我們希望可以沒有任何懼意的預見可能發生的災禍，並運用我們的理智實現避免並非無法避免的災禍的目的。對於那些實在避免不了的災禍，那麼只有用大無畏的精神應對，不過這個並非我現在所要討論的。

　　我在前面一章中關於恐懼的說法，我不想再重複一次了，現在我只關心理智領域裡面作為誠實思考的障礙的恐懼。在這一領域裡，和成年之後相比，年輕時是更容易克服恐懼的；因為和基於某些前提而生活的成年人相比，孩子因為改變觀念而導致非常大的不幸的可能性更小一些。所以，我要是一位教師，就會鼓勵高年級的學生們，讓他們在理智方面養成相互爭論的習慣，即使我心目中的重要真理被他們質疑了，我也不會去阻止他們。我要以讓學生學會思考為己任，這種思考是非正統的，甚至可以說是異端的。我絕不會拿理智來作為代價，換取道德上那些虛幻的利益。人們通常認為得灌輸謊言，才能傳授美德。在政治上，我們不遺餘力的將本黨那些傑出政治家的醜行劣跡掩蓋起來。在宗教上，我們要是天主教徒，就會去把教皇的罪過隱瞞起來，要是新教徒，被隱瞞的就是路德和加爾文的罪過。關於性的問題，我們在年輕人面前謊稱貞操是普遍存在，雖然實際上並不是這樣的。在所有國家，如果是某些

被警察部門認定容易惹麻煩的事實，就會甚至連成年人也不可以知道。在英國，審查員不允許表演忠實於生活，因為他們認為，不利用欺騙，是無法誘使民眾向善的。

　　所有這些態度都有某種虛弱的成分。讓我們知道真相吧，無論真相是怎樣的；接下來我們才可以理性的行動。專權者要不讓被奴役者了解真相，好可以在關於自身利益的看法上對他們進行誤導；這是能夠理解的。讓人無法理解的是，民主國家也願意制定為了防止民眾了解真相的法律。這是一種集體的唐吉訶德主義：他們堅決不讓別人和他們說，頭盔沒有他們願意相信的那麼好。這種怯懦態度實在可悲，是自由的人們接受不了的。在我的學校裡，不應該存在任何一種知識的障礙。我要利用正確的培養本能和熱情，而不是撒謊和欺騙來尋求美德。在我想要的美德裡面，沒有恐懼且沒有任何限制的追求知識是一個基本要素，沒有它，美德剩下的部分也就一文不值了。

　　我的意思其實就是應該培養科學精神。有不少優秀的科學家出了他們的專業領域，就不具備這種精神了，我要努力讓它無處不在。科學精神首先要具備一種發現真理的願望，這種願望越強烈越好。此外，它還包括了一部分的理智特質。一定要先懷疑，再根據證據做出判斷。事先設想我們已經知道證據將要證明的東西是絕對不可以的。我們也絕對不能滿足於一種懶惰的懷疑主義，這種觀點認為客觀真理是得不到的，一切的證據都是不確定的。我們應該承認這樣一點，就算是我們最為肯定的那些信念，可能也是需要進行一部分修正的；然而人力所能達到的真理是一個程度的問題。和伽利略之前的時代相

比，我們現在的物理學信念裡的錯誤肯定更少。和阿諾德博士相比，我們現在和兒童心理學有關的信念肯定是離真理更近的。在每個例子中，進步都來自於用觀察取代了偏見和熱情。正因如此，事先的懷疑才這樣的重要。所以，一定要教學生這一點，還要教給他們如何收集證據的技能。在現在這樣一個世界：宣傳家在競相持續向我們鼓吹謊言，在勸誘我們服下藥丸毒害自己，還有用毒氣相互殘害，這種批判性的思維習慣彌足珍貴。那些不斷重複的論調很容易讓人信以為實，這是現代社會的禍患之一，對此學校一定要盡力做好防範。

在最後的幾學年甚至更早一些，學生在理智上應該有一種冒險意識。在學生將規定的任務完成後，應該給他們機會去獨立發現那些令人興奮的事物，所以規定的任務不能太繁重。應該給予學生表揚時，一定要表揚；而學生如果犯了錯誤，雖然一定要指出來，但是不應該指責他們。千萬不能讓學生因為覺得自己愚笨而感到羞恥。教育的一大動力是讓學生感到自己存在成功的希望。那些讓學生討厭的知識沒有什麼用處可言，而學生如飢似渴吸收的知識則可以成為永恆的財富。使你的學生認清知識和現實生活的關係，並讓他們知道怎樣用知識改變世界。教師應該始終是學生的朋友，而非天敵。只要在人生的早期接受了良好訓練，這些教訓足能夠讓絕大多數的孩子以求知為樂。

第十三章
走讀學校和寄宿學校

我認為，應該將一個孩子應該送進走讀學校，還是寄宿學校，一定要按照具體的環境和孩子的性格來判斷決定。任何一種體制都有其優點，一種體制在某些情況下可能優點更多，而在別的情況下，另一種體制可能就有更多的優點了。在這一章裡，我準備提出一些論據，這些論據是我在決定自己孩子怎麼擇校時所看重的，而且我覺得，別的盡職盡責的父母也許也能重視它們。

　　第一個要考慮的因素是健康。無論現實學校中的真實情況怎樣，有一點是顯而易見的，那就是學校在這方面所能做的，要比大部分家庭都科學、仔細，這是因為學校可以僱用擁有最新知識的醫生、牙醫以及生活教師，而忙碌的家長們對醫學也許是比較無知的。而且，學校能夠設在對健康有益的地區。對於那些居住在大城鎮的人而言，只是這一點就可以對他們選擇寄宿學校提供非常有力的依據。能在鄉村生活中度過大部分的時間，顯然對年輕人更有好處，所以倘若他們的父母一定得居住在城裡，那麼這些父母就應該送孩子去鄉下讀書。不久之後，這種論據的效力可能就沒有這麼大了，比如，倫敦的衛生健康條件正在逐漸得到改善，而且有了人工紫外線的應用，或許也可以達到鄉村的衛生健康水準。但是，就算可以將疾病減少到和鄉村一樣的水準，城市裡還是會有極大的精神壓力。不管是對孩子還是對成年人，無休止的噪音都是有害的，旖旎的田園景致、山間的清風、雨後的泥土芬芳還有璀璨的群星，這些都應該留在每個人的記憶裡。所以在我看來，不管城市的衛生健康條件怎樣改善，對年輕人來說，一年中的大部分時間都

在鄉下生活還很重要。

　　一個支持選擇寄宿學校的論據是可以節省往返的時間，當然這個論據比較次要。大多數人家附近並沒有真正優秀的走讀學校，孩子上學可能得走很遠的路。和前一個論據對城市居民而言最具說服力，這個論據對鄉村居民而言最具說服力。

　　倘若想嘗試對教育方法實施任何革新，基本都是要先在寄宿學校進行試驗，因為相信改革的家長都集中住在一小片區域裡是不太可能的。這一點對嬰兒不適用，因為他們並不是徹底的接受教育當局的管理；所以蒙特梭利女士和麥克米倫小姐可以在窮苦人家的孩子身上進行她們的實驗。相反的是，在公認的上學期間，只有富人才可以獲准在他們的孩子身上從事教育實驗。他們中的大部分人自然都喜歡舊式的傳統教育，少數的期望其他種教育的人則散居各地，不管哪個地區，都無法支撐起一所走讀學校。像貝德爾斯那樣的教育實驗，也只能在寄宿學校裡展開。

　　但是，支持選擇走讀學校的論據也非常有力。生活的許多方面在學校裡都不會表現出來：學校是一個人造的世界，這裡的問題與外面世界的問題大不一樣。假如有一個男孩只在假期回家，這時家人們都對他噓寒問暖，和一個每天都回家的男孩相比，他所獲得的生活知識也許就少很多了。現在女孩出現這種情況的比較少，因為在不少家庭裡面，女孩要比男孩做更多的家務勞動；不過隨著她們的教育和男孩的教育同化，她們的家庭生活將變得和男孩類似，她們現在所擁有的不少家務知識也將會消失。在十五、六歲之後，讓孩子為父母分擔一些事務

和擔心是件好事 —— 不過也確實不能分擔太多，因為那會影響學業，不過還是要分擔一部分，避免他們無法意識到大人也是具有他們自己的生活、自己的利益和自己的價值。學校裡年輕人是最重要的，學校所做的一切都是在圍著他們轉。在假期裡，家庭的氛圍一般又會為年輕人所主導。於是，他們容易變得冷漠和驕橫，無視成年人生活的不易和艱辛，並漠不關心自己的父母。

這種狀況容易對年輕人的情感產生消極的影響。他們對父母的感情會變得淡薄，並且他們絕不會學著自己進行調整，好能夠和那些愛好和追求都和自己不一樣的人相處。我覺得這會導致一種自私的完善，即認為自己的人格是卓爾不群的。最能夠自然的糾正這種傾向是家庭，因為它是由年齡不一樣、性別不一樣還有職分不一樣的人所組成的一個單位；它是一個有機體，和同類個人所組成的集體不一樣。父母之所以愛孩子，主要的原因是他們在孩子的身上費盡了心血；如果父母對孩子毫不用心，孩子也就不可能將他們放在心上。然而他們付出的心血一定是合理的，即只付出必要的程度，不要對他們自己要做的工作和要過的生活造成影響。年輕人應當學習的一件事情就是尊重他人的權利，和別的地方相比較，這一點在家裡更容易學會。讓孩子明白他們的父親會因為憂慮而導致心力交瘁，他們的母親會因為成堆的瑣事而精疲力盡，這對他們是有好處的。讓孩子在青春期還保持活躍的孝心也是有好處的。一個沒有親情的世界會變得刻板而冷酷，這個世界的成員都是一些飛揚跋扈之徒，但是一旦碰壁，又會變得只會阿諛奉承。我擔

心，這些消極的後果在一定程度上是將孩子送進寄宿學校導致的。我覺得這種後果的嚴重性足以將寄宿學校的許多優點抵消了。

　　現代心理學家堅稱，父親或母親過分的影響孩子極為有害，這個論斷當然千真萬確。但是倘若像我所建議的那樣，在孩子 2 歲或 3 歲起就將其送到學校，那麼我相信這種情形基本不會出現。我認為孩子很小就上走讀學校，是父母支配一切和父母無足輕重二者之間的恰當折中。

　　就上面的一系列考慮來說，如果再有一個美滿的家庭，那麼顯然這種做法對孩子的成長來說就是最合理的。

　　對於那些生性敏感的男孩而言，讓他們身處完全由男孩組成的集體裡，是存在一定危險的。12 歲左右的男孩基本處在情感淡漠、舉止粗率的階段，在前不久，一所著名的公學裡，有一個男孩而被打成了重傷了，只是因為他對工黨表示同情。那些和普通人有不同愛好和觀點的男孩，在這種環境當中極有可能遭受極大的痛苦。哪怕是在現在最現代、最進步的寄宿學校裡，在布爾戰爭期間，那些親布爾人的學生日子也不好過。只要是愛讀書或不厭學的男孩，一般都會不受待見。在法國，那些最聰明的男孩都去高等師範學校就讀了，不再和一般男孩在一個學校上學。這種做法的確有很多優點。它能夠讓那些才智過人的孩子避免神經受損，以致去巴結那種資質平平的庸人，而這樣的事情在英國俯拾皆是。它可以讓那些不受歡迎的男孩擺脫原本一定會遭受的壓力和痛苦，還可以讓那些聰明的男孩獲得適合他們的教育，和面向普通孩子的教育相比，這種教育

在進度上要快很多。不過在另一方面，這樣的做法也會在今後的生活裡面，將知識精英和普羅大眾分隔開來，有可能會讓他們對普通人沒有應有的理解。即使存在這種潛在的缺點，和英國上層階級的做法，也就是折磨那些擁有卓越品德或傑出頭腦的男孩相比，我還是覺得整體來說，這種做法要更好一些。

不過，男孩們的粗蠻並不是無法矯正的，實際和過去相比，這種情況已經很少見了。《湯姆‧布朗的求學時代》這本書裡面描述了一派陰暗的景象，倘若將這樣的描述用在目前的公學裡，未免有一點誇張。如果這些學校裡的男孩們接受了我們前面幾章所說的那種早期訓練，那麼這種描述就更不合適了。就像貝德爾斯中學所表現的，在寄宿學校男女合校教育是可能的，我認為這樣的做法能夠讓男孩們變得文明。對於兩性之間的天然差異，我並不想貿然承認，不過我覺得和男孩相比，女孩一般不會有毆打等欺負異類的行為。但是，現在可以讓我放心大膽的把一個在智力、品德還有感受性方面處在平均水準以上的，或者在政治上不保守、神學上不正統的男孩送去學習的寄宿學校，真的是鳳毛麟角。我確信，對這樣的男孩而言，為富家子弟所設的現有公學體制是有害的。然而那些具有非凡才能的人，幾乎都是處在這樣男孩裡面。

在剛才的討論裡，同時存在支持和反對寄宿學校的論據，只有兩點是基本的，是不變的，而且這兩點還是對立的關係。一個是鄉村、空氣和空間的益處，另一個是親情和透過對家庭責任的了解所獲得的教育。對於那些生活在鄉下的父母來說，還有一個理由支持寄宿學校，那就是在他們的附近有一所真

正辦得好的走讀學校希望不大。鑒於這些相互矛盾的考慮，我覺得得出一個可以普遍適用的結論是不可能的。如果孩子強健而充滿活力，那就不用專門考慮健康的問題，然後支持寄宿學校的理由就有一個不存在了。倘若孩子對父母感情深厚，那麼支持走讀學校的理由也就有一個不存在了，因為假期足夠父母和孩子維繫親情了，住校剛好能夠避免這種情感過度發展。那些才能出眾而又敏感兒童最好不要到寄宿學校就讀，如果是十分極端的情形，他甚至以不去學校為好。當然，一所出色的學校要優於一個壞的家庭，一個出色的家庭則要勝過一所壞的學校。如果學校和家庭都不錯，那就得先對它們的優點進行權衡，再做決定。

說到這，我的分析都是站在經濟寬裕的家長的角度的，對他們而言是可以進行個人的選擇的。要是站在社會的角度，從政治上對這一問題進行考慮，那涉及的其他因素就有很多了。一方面要考慮寄宿學校的費用問題，另一方面如果孩子經常不住在家裡，又可讓住房問題得到簡化。我堅決主張，除了極少數情形之外，所有的人都應該在學校接受教育直到 18 歲，在 18 歲之後，才能開始專門的職業訓練。即使我們現在講到的兩種方式都不乏推薦的理由，然而對於大部分工薪家庭的孩子而言，這一問題將長期取決於經濟上的考慮，也就是選擇走讀學校。儘管這種決定並非基於教育方面的理由，不過，也不存在明顯的認為它是錯誤的決定的理由，所以是能夠接受的。

第十四章
大學

我們在前面各章討論了品性教育和知識教育，在一個擁有良好制度的社會裡，這種教育應該面向所有孩子開放，並且事實上真正讓一切孩子享有，除非有極為特殊的理由，比如發現了音樂天才。（假如逼著莫札特學習普通學校課程一直到 18 歲，那將是一件極為不幸的事情。）不過我想，就算是在一個理想的社會，也會有很多的人不上大學。我確信，現在能受益於延長至 21 或 22 歲的學校教育的只有少數人。現在在老牌大學裡的那些紈褲子弟，毫無疑問，能學有所成的很少，他們在大學裡的收穫不過是養成揮霍的習慣而已。所以，我們一定要追問，應該按照什麼樣的標準選出上大學的人。現在，能上大學的人通常都是那些家長經濟條件不錯的人，雖然這種選擇標準正在因為獎學金制度而有所變化。顯然，選擇的標準應該是教育上的而不是經濟上的標準。那些年滿 18 歲、接受過良好教育的男女青年，已有具備了從事有用的工作的能力。如果他們還準備再學習 3 到 4 年才工作，那麼社會就有期望這幾年得到了有效的利用的權利。不過，在確定應該讓什麼人上大學之前，我們必須要了解一下大學在社會生活中的功用。

　　英國的大學經歷了三個階段，但是第二個階段還沒有被第三個階段完全取代。一開始它們是神職人員的職業學院，在中世紀的時候，通常能夠接受教育的只有神職人員。然後隨著文藝復興運動的展開，富人應該接受教育的觀念深入人心，即使女性被認為用不著接受和男性一樣多的教育。從 17 世紀直到 19 世紀，英國大學提供的都是「紳士教育」，而且牛津大學現在還在提供這種教育。考慮到我們在之前討論過的那些原因，

這種曾經十分有用的教育理想，現在已經是不合時宜的了；它對貴族政治十分依賴，在民主政治或工業財閥政治下，想興盛起來是不可能的了。

如果還實行的是貴族政治，那麼執政的人最好是受過「紳士教育」的人；然而還是不實行貴族政治更好。這個問題我無須討論，因為在英國，它已經透過《改革法案》的通過和《穀物法》的廢除而得到了解決。在美國，則是透過獨立戰爭解決的。的確，我們英國現在還保存著貴族政治的形式，但是其精神已經是財閥政治，兩者截然不同。那些發跡的商賈在附庸風雅的心態驅使下，將其子嗣送往牛津，盼望著他們的下一代變成「紳士」，結果卻讓他們的子女厭惡經商，結果家道中落，又被迫自食其力。因此，「紳士教育」再也不是英國人生活的重要部分了，在考慮未來的教育時，可以將這一點忽略不計。

所以，大學正在恢復和它們在中世紀所占據的地位類似的地位，它們正在成為職業學校。律師、牧師和醫生一般都接受過大學教育，高級公務員也是一樣。在各行各業的工程師和技術人員裡面，擁有大學文憑的人也越來越多。隨著世界變得越來越複雜，工業變得越來越科學，需要越來越多的專業人才，而這些人才大部分都是由大學培養輸送的。老派人士不禁哀嘆，純粹學術的領地都被技術學校給侵占了，然而現在這種侵占勢頭正強勁，因為這樣的現象正是那些對「文化」不屑一顧的財閥們所夢寐以求的。和崇尚民主的反叛者相比，這些財閥才是純粹學術的真正敵人。」「無用之學」和「為藝術而藝術」類似，是一種貴族式的，而非財閥式的理想；倘若說這種學術

現在還有殘跡可尋，那麼是因為文藝復興的傳統還沒有徹底消亡。這一理想的式微讓我深覺痛惜；純粹學術是和貴族制有關的最好事物之一，但是貴族制的弊端實在太多了，所以輕易就將這一優點給掩蓋了。總而言之，不管我們是否情願，工業主義都一定會將貴族制消滅。所以，我們不如下定決心，盡量將那些可以歸附到更有活力的新觀念中的東西保住；死守傳統，必然一敗塗地。

如果大學還將繼續將純粹學術作為目標之一，那麼就一定和整個社會生活相關聯，不能僅僅是少部分悠閒紳士的雅好之物。在我看來，不問利害的學術是非常重要的，並希望看見它在學院中的地位得到提高，而非日趨低下。在英國和美國，導致純粹學術地位越來越低的主要力量，是那種想讓那些無知的富豪捐款的願望。相應的辦法是，創造這樣一種有教養的民主政治，它願意把公共資金投入到我們的工業大亨們所理解不了的事業裡去。這絕不是不可能完成的事，但是有一個實現的前提，那就是知識水準的普遍提升。學者的自然生計來源曾經主要靠的就是保護人的贊助，如果現在的學者可以讓自己擺脫之前遺留下來的那種對富人的食客心態，這件事就更容易了。學術和學者當然可能放在一起來說，這裡我舉一個純屬想像的例子：一個學者透過教釀造技術而非有機化學，能夠讓自己的經濟狀況大為改善；他獲得了收益，但是學術上卻遭受了損失。如果這位學者對學術擁有更為真誠的愛，他在政治上就不會支持為設立關於釀造的教授職位的釀造公司捐款。如果他對民主政體表示支持，民主政體將更願意了解他的學術研究的價值。

鑒於以上所有的這些原因，我盼著看到學術團體都能依靠公共資金，而不是來自富人的捐款。美國的這種弊端比英國還要嚴重，但是它在英國是始終存在的，並有抬頭的趨勢。

將這些政治上的考慮拋開不談，在我看大學存在的目的主要有兩個：一是某些職業配音人才，一是追求和直接效用沒有關係的學術研究。因此，我們在大學裡希望看到兩種人，一種是那些希望自己能夠從事某項職業的人，一種是擁有特殊的才能、能夠進行重要學術研究的人。然而，只是這些還不能決定我們怎樣為各行各業選擇人才。

眼下，一個人如果沒有富裕的家境，是很難涉足醫藥或法律這樣的行業的，因為學費非常貴，而且是無法立即開始賺錢的。結果，群體的和世襲的，而非適合工作與否成為了這些行業的人才選擇標準。以醫藥行業做為例子，一個希望有效實施醫療的社會，會選擇那些在這方面躊躇滿志而且擁有出眾才能的年輕人接受醫學訓練。目前，這一標準只能用來在少數人，也就是能夠承擔得起學費的那些人中選擇人才；然而很有可能有很多能夠成為最優秀醫生的人，因為太窮而讀不起醫學學校。這種對才能的浪費不禁令人扼腕嘆息。讓我們再舉一個又不一樣的例子。英國是一個人口非常稠密的國家，大部分食品都是需要進口的。綜合各方面的因素看，特別是將戰時的食品安全考慮進來，提高糧食的自給率是一件利國利民的事。但是人們在有效耕種我們極為有限的土地上沒有採取任何的措施。農民一般都是透過世襲來選定的：他們往往都是子承父業的。還有一些人買下了農場，他們有的是資金，但是不一定具備什

麼農業技能。眾所周知，丹麥的農業技術要比我們更高效，然而我們沒有採取一點措施來讓農民獲得這些技術。我們應該這樣推行：只要是獲准耕作較大面積土地的人，都需要持有科學農業方面的證書，這就和我們要求司機要持有執照一樣。政治上的世襲原則已經被廢除了，但它在別的生活領域還有廣泛殘留，它在哪裡，哪裡就會效率低下，從前它就是曾這樣對公共事務掣肘的。我們一定要用兩條關係密切的規則來將世襲原則取代：其一，那些缺乏必要技能的人，一律不得從事相關重要的工作。其二，技能教育應該將受教者的志向和才能考慮進來，而應該和家庭貧富沒有關係。顯而易見，這兩條規則可以讓效率得到極大的提升。

所以，大學教育應該被視為有專長者的特權，那些有才能但是無財力的人應該獲得公共支出，好能夠上學。不應該錄取那些能力測試不合格的人者，不用容許那些沒有好好利用上學時間而成績不合格的人繼續留校學習。這種觀念 —— 覺得大學是富家子弟廝混三、四年的休閒場所 —— 正在消失，然而這就和查理二世的死一樣，距離新觀念的確立，還將有一段漫長的時間。

在我說大學裡的年輕人不許懈怠時，一定要馬上加上一條：對學業的測試，一定不要機械的照章辦事。英國和美國那些新成立的大學，往往要求學生參加數不勝數的講座，這實在令人遺憾。對蒙特梭利學校中的幼兒而言，還有充足的理由支持他們獨立活動，20 歲的年輕人就更應該是這樣。特別是像我們所假定的，當他們是躊躇滿志、擁有出眾的才能的人時。

第十四章 大學

我在讀本科的時候，就和我的大部分朋友都覺得那些講座純粹是在浪費時間。我這麼說固然有些誇張，但是其實也是八九不離十的。之所以舉辦講座，真正原因是它們是面子上好看的工作，所以商人們願意為這個掏錢給學校。如果大學教師都採用了最出色的教學方法，那麼商人們就會覺得他們無所事事，進而要求學校進行裁員。牛津和劍橋因為自身聲名顯赫，還能在一定的程度上推行正確的教學方法；然而英國那些新成立的大學就不能好捐款的商人叫板了，美國的大學大部分也是這樣。在學期一開始的時候，教師應該為學生們開列一個精讀書目；有些書籍是有些人喜歡，而有些人不喜歡的，也要做簡單的介紹。試卷由教師設計，學生不理解書裡的重點，是無法答出試卷的。學生考完試以後，教師應該單獨的和學生見面。教師應該每週或者每兩週抽出一個晚上，見見那些希望見他的學生，和他們隨意的談談關於學業的問題。所有的這些做法和老牌大學的做法並沒有什麼差別。如果學生選擇自己出一張試卷，和教師出的試卷不一樣，但是難度是一樣的，那麼也可以允許他這麼做。透過學生自己出的試卷，能夠對他們的勤奮程度有一個判斷。

不過，還有一點非常重要。任何一位大學教師都應該有自己的研究，並且應該有充裕的精力和時間，對各國關於本學科的最新研究進展進行了解。在大學裡教書，教學技巧沒有那麼的重要，對本學科的知識和研究動態的敏銳掌握才是更加重要的。被教學活動累得精疲力竭的人，是無法做到這些的。他極有可能開始厭惡本學科，而他的知識幾乎一定會全都局限在年

輕時所學的東西的小圈子裡。所有的大學教師都應該擁有休假年（每 7 年一次），好讓他們可以前往國外的大學訪學，或者透過別的方式來了解國外的最新研究。在美國這是非常常見的，但是歐洲諸國在知識上過於自矜，並不承認這樣做是必不可少的。可以說他們在這一點上犯了大錯。我在劍橋大學就讀時那些數學教師們，對此前二、三十年歐洲大陸的數學發展基本一無所知；整個大學期間，我都從來沒有聽說過魏爾施特拉斯（Karl Weierstrass）其人。等到後來出國旅行，我才和現代的數學家們產生了連結。這並不是說一個罕見或例外的事情，類似的現象出現在不同時期的不同大學當中。

在大學裡，注重教學的人與注重研究的人是存在某種對立的。這基本可以徹底歸咎於兩個原因：第一是教學的錯誤觀念；二是有不少勤奮和能力都不怎樣的學生，卻堂而皇之的留在學校裡繼續學習。大學裡仍然某種程度殘留著舊式教師的觀念。這種教師企圖良好的道德影響施加在學生身上，並想要以沒有什麼用的舊知識訓練他們，人們已經了解了這些知識多半是錯誤的，卻又覺得它們在道德上具有啟發的作用。學生不應該有人督促他們了才去學習，如果發現他們在浪費時間，都應予以勸退，無論是因為懶惰還是因為無能。品德裡唯一能夠得益於逼迫的，就是努力的品德，別的品德全都是在人生的早期培養的。要逼著學生擁有努力的品德，就得將那些不具有這種品德的人送走，因為他們顯然還是去做別的事情更好。不應該要求一個教師大部分時間都用在了教學上，他應該有大量的閒暇時間進行研究；不過應該要求這種閒暇得到了他的合理利用。

　　如果對大學在人類生活中的功能進行考察，就能發現研究至少和教育是一樣的重要。新知識是獲得進步的主要原因，如果沒有新知識，世界的發展很快就會陷入停滯。透過傳播和廣泛應用現有的知識，世界也能暫時繼續進步，但是這種靠其自身的進步想持續下去是很難的。甚至對知識的追求也是不能自我持續的。如果追求的知識是功利性的。功利性知識需要透過非功利的研究才會發揮效用，後者的動機只在於希望對世界有更好的理解。所有偉大的進步，在一開始都是純粹理論上的，之後才發現，這種理論知識能夠獲得非常實際的應用。哪怕某一個非凡的理論從來沒有過任何的實際用途，它還是具有自身價值的；因為對世界的理解是終極善之一。如果有那麼一天，科學和組織成功的讓各種身體的需求都得到了滿足，並將殘忍和戰爭徹底消滅，到了那時，對知識和美的追求還會踐行我們對發奮創造的熱愛。我不希望一個畫家、詩人、作曲家或數學家，一門心思研究他的活動在實踐領域具有的某種渺遠影響。還不如說他應該專注於追求一種想像，將一開始只是轉瞬間所依稀瞥見的那個東西抓住，並讓它長存於心，他對這種想像是如此熾熱的熱愛，以致現實世界裡所有的快樂在這裡都黯然失色、相形見絀。一切偉大的藝術和偉大的科學，都是來自於這樣一種熱烈的渴望，即人們要將那種最初虛無縹渺的幻象，那種動人心魄的美具體的表現出來，它誘使人們將安全而舒適的生活捨棄，為一種崇高的痛苦獻身。懷有這種熱情的人絕對不會陷入功利主義哲學的桎梏，因為所有人類偉大的事物，皆發源自這種熱情。

第十五章
結論

最後在旅程的終點，我們來回顧一下走過的路，以便可以對我們所穿行的這個領域來一次鳥瞰。

教育者所需要的是為愛所支配的知識，這種知識同時也是學生應該掌握的。在早些年的時候，教師對學生的愛是最重要的；到了後來，學生對教師所教知識的愛的必要性越來越高。生理學、衛生學和心理學知識是最初的重要知識，最後一種知識對教師來說尤為重要。孩子與生俱來的本能和反射，在環境的影響下能夠發展成各式各樣的習慣，進一步發展成各式各樣的品性。這些基本都是發生在嬰幼兒時期，所以，這一時期是我們嘗試對孩子品性培養最理想的階段。那些喜歡已有的惡行劣跡的人喜歡說人性是無法改變的。如果他們指的是說人性在6歲以後無法改變，那麼這還算有一定的道理。如果他們是在說改變嬰兒天生的本能和反射都讓人們束手無策，那麼這也是道出了一點事實，儘管優生學在這方面已經獲得並還將繼續獲得顯著的成果。不過如果他們的意思是說（正如他們經常覺得的那樣）培養出品行上與現有人群完全不一樣的成年人群體是不可能的，那麼他們就是公然的違背了所有的現代心理學。假設有兩個天性完全一樣的嬰兒，可能早期環境的不同會讓他們變成性情迥異的成年人。早期教育的任務是對各種本能進行訓練，讓它們產生一種和諧的品性，這種品性是建設性的，而不是破壞性的，是熱情的，而不是憂鬱的，是坦率、理智和勇敢的。絕大部分的兒童都可以獲得這些結果；這在那些兒童能夠獲得正確培養的地方已經變成了現實。假如現有的知識能夠得到充分的利用，經過試驗的方法能夠得到切實的推行，我們就

可以在一代人之內，造就一個基本徹底遠離疾病、惡意和愚昧的集體。我們之所以沒有這樣做，是因為壓迫和戰爭更投我們所好。

在大多數的情況下，原生的本能既可以產生良好的行為，也可以導致惡劣的行為。在過去的時候，人們不了解對本能進行訓練，所以不得不訴諸壓制。懲罰和恐懼曾是讓所謂的美德得以實現的強大推動力。現在我們知道了，壓制這種方法十分的糟糕，一則因為它從來沒有獲得真正的成功，二則因為它導致精神混亂。訓練本能則是一種完全不一樣的方法，包括完全不一樣的技巧。實際上習慣和技能就像引導本能的通道，按照通道的不同方向能夠將本能導向不同的路徑。培養正確的習慣和技能能夠讓孩子的本能自己將良好的行為激發出來。孩子不會產生壓迫感，因為不用抵抗誘惑。孩子也不會遇到阻礙，所以會覺得無拘無束、自由自在。我的意思並不是這些說法是絕對正確的，我們總會遇到一些意外的情況，到了那時可能還有必要採用舊的方法。然而兒童心理學這一門科學越完善，幼兒園給予我們的經驗越豐富，應用新方法也就會越圓滿。

我已經試著向讀者描述過美妙的前景，目前這些前景已經在我們的面前展現開來。想一下這都意味著什麼吧：自由、健康、仁慈、快樂、理智，並且基本所有的孩子都可以這樣。只要我們自己願意，就可以在一代人之內建設一個理想世界。

然而如果缺少了愛，這一切都將化為泡影。已經有知識了，然而缺乏愛妨礙了知識的應用。有時候人們的漠不關心兒童，讓我接近絕望，比如在我發現我們那些德高望重的領導

者在預防染上性病的孩子出生這件事上基本不打算採取任何措施時。不過人們對孩子的關愛正越來越多，無疑，這種關愛是我們的本能衝動之一。長達數個世紀的暴虐專制，將常人性情中自然具有的仁厚之心壓制了下去。直到最近，有很多基督徒才停止教人們詛咒那些沒有受洗的嬰兒。民族主義是泯滅人道的另一種信條，歐戰期間，我們讓基本是全部的德國兒童都飽受佝僂病的折磨。我們一定要將我們本性中的善意釋放出來，如果哪種信條要求我們讓兒童蒙難受苦，那我們就拒絕它吧── 無論它對我們有多麼的重要。在差不多所有的情形裡，殘忍信條的心理根源都指向了恐懼；這也是我多次強調要將童年時期恐懼消除的原因之一。我們要將自己心靈陰暗處隱藏的恐懼徹底根除。現代教育所開啟的幸福世界的前景，值得我們冒一些個人的風險，即使這種風險要比原來設想的更加嚴重。

　　如果我們勉力培養的年輕人可以遠離恐懼和束縛，並可以避免叛逆或受壓抑的天性，我們就能夠將知識世界自由、徹底且毫無隱瞞的展現給他們；並且如果施行明智的教育，對受教者而言，這樣的教育就是一樁樂事，而非一項任務。向職業階層的孩子們傳授比目前一般所教的內容更多的知識並不是重要的；重要的是冒險和自由的精神，一種時刻準備踏上發現之旅的意識。如果正式教育的實施能夠秉承這種精神，每個比較聰明的學生都會透過自己的努力，讓自己獲得更多知識，更加充實，而人們應該盡量為這種努力提供機會。知識讓我們掙脫了自然力和破壞性熱情的支配，如果沒有知識，我們期盼的理想世界就建不成。在沒有任何恐懼的自由氛圍中接受教育的一代

人，將會擁有比我們廣博、無畏的願望，因為我們還需要和那些埋伏在潛意識裡的、因迷信而產生的恐懼進行爭鬥。不是我們，而是我們所要創造的自由兒女，一定會看到那個新世界，先是出現在他們的夢想裡，最後則是出現在光輝燦爛的現實當中。前進的道路一目了然。我們對子女的愛，是否足夠讓我們選擇這條路？或者我們還是讓他們去遭受我們曾經遭過的罪？我們是不是應該讓他們在年輕的時候遭遇扭曲、壓制、恐嚇，然後讓他們在理智過於纖弱而未能避免的無謂戰爭裡送了命？幸福和自由之路被從古至今綿延不休的無數恐懼所阻隔，但是愛可以戰勝恐懼，只要我們愛自己的孩子，將這份美妙的禮物贈給孩子就是我們力所能及的事，無論任何東西都無法阻止我們這樣做。

國家圖書館出版品預行編目資料

官網

羅素談理想人格與文明之路：出生之年、性知識、大學教育、品性與智力，世紀智者論現代教育 / [英] 伯特蘭·羅素（Bertrand Russell）著，郭繼麟 譯 . -- 第一版 . -- 臺北市：崧燁文化事業有限公司, 2023.1

面；　公分

POD 版

ISBN 978-626-332-927-0(平裝)

1.CST: 教育 2.CST: 通俗作品

520　　111018756

羅素談理想人格與文明之路：出生之年、性知識、大學教育、品性與智力，世紀智者論現代教育

臉書

作　　者：[英] 伯特蘭·羅素（Bertrand Russell）

翻　　譯：郭繼麟

發 行 人：黃振庭

出 版 者：崧燁文化事業有限公司

發 行 者：崧燁文化事業有限公司

E-mail：sonbookservice@gmail.com

粉 絲 頁：https://www.facebook.com/sonbookss/

網　　址：https://sonbook.net/

地　　址：台北市中正區重慶南路一段六十一號八樓 815 室

Rm. 815, 8F., No.61, Sec. 1, Chongqing S. Rd., Zhongzheng Dist., Taipei City 100, Taiwan

電　　話：(02)2370-3310　　傳　　真：(02) 2388-1990

印　　刷：京峯彩色印刷有限公司（京峰數位）

律師顧問：廣華律師事務所 張珮琦律師

定　　價：280 元

發行日期：2023 年 01 月第一版

◎本書以 POD 印製